삼자경으로 배우는 중국어 2

顺天乡大学孔子学院中国文化教材

삼자경으로 배우는 중국어 2

박 형 춘 엮음

學古房

서 문

G2, 한중 FTA 두 시대를 동시에 살고 있는 우리에게 중국의 중요성은 새삼 강조하지 않더라도 이미 현실이 되고 말았다. 문명의 발상지로 세계사 속에서 줄곧 선두 자리를 지켜온 중국이 그 자리를 다시 찾아가는 모습은 전혀 새로울 것이 없어 보인다. 그러나 중국은 불과 얼마 전까지만 해도 우리를 포함한 전 세계 여러 나라로부터 괄시와 곱지 않은 시선을 받아야만 했다. 자의든 타의든 중국은 그랬었다.

지금은 오히려 우리가 그런 시선을 계속해서 가지고 있으면 있을수록 중국은 우리를 비웃을지도 모른다. 민족적 자긍심을 바탕으로 그간 부강해진 나라와 더불어 잠시 잊었던 중국 문화의 정수를 하나하나 꺼내 들어 그 의미를 되새기는 것은 물론이요, 그들의 조상이 이루어 낸 문화적 가치를 다시금 발견하고 있다. 어디 그뿐인가, 어쩔 수 없이 감춰 두었던 그들의 문화와 사상의 정수인 유교 사상을 과감히 드러내 놓고 이젠 전 세계로 퍼지도록 하는 데도 앞장서고 있다.

중국은 이미 변했고 앞으로 더 변해 갈 것이다. 변화하는 모습을 바로 본다는 것은 우리가 어떤 태도를 취해야 할지를 알려 주는 해답을 스스로 얻는 일이다. 그러나 안타깝게도 우리에게는 중국을 제대로 보는 눈이 아직 부족하다. '나라가 힘 있으면 뭐하나? 국민 수준이 형편없는데' 등의 저급한 시각은 이제 과감히 걷어야 한다. 중국은 일시적으로 막대한 경제적 부를 쥔 졸부가 아니라, 찬란한 문화와 역사적 전통을 함께 가지고 있는 저력 있는 나라이다. 그리고 그들의 문화와 역사는 그들이 스스로를 비춰 보는 자성의 거울이다. 그들은 이 거울을 통해 현재의 국가적 브랜드 중국을 지탱할 중국인을 구현하고 있다.

얼마 전 한중 FTA가 10년 담판의 결실을 맺었다. 소프트파워 의존력이 높은 우리에게는 분명 새로운 기회로 작용할 것이다. 그러나 꾸준히 기술력을 높여온 중국의 역습도 만만치 않을 것으로 예상된다. 그럴수록 우리에게는 중국을 제대로 알고 이해하는 인재들이 필요하다. 이는 단지 언어를 잘 하는 것에 국한하지 않는다. 중국인의 생각을 읽을 수 있는 젊은 인재들이 우리에게는 필요하다.

『삼자경』은 중국 아이들이 취학 전부터 입으로 줄줄 외우는 고전 중의 고전이다. 3자(字) 1구(句), 총 356구 1068자를 수록하고 있으며, 인간의 윤리관, 도덕관, 자연관, 역사관 등 세상의 이치를 읽기 쉽고 이해하기 빠르게 함축적으로 표현하고 있다. 1990년에는 유네스코에 의해 아동 도덕 총서에 선정되기도 하였다. 중국어 교재로 『삼자경』을 택한 이유는 아직 교재로서의 『삼자경』이 보이지 않은 연유도 있지만, 그것보다 더 중요한 이유는 우리가 만나고 대화를 나누는 중국인이 어린아이 할 것 없이 배우고 익히는 일종의 자기 수양서이기 때문이다. 그들이 읽고 이해하고 있는 『삼자경』을 우리가 읽는다는 것은 중국인의 평소 생각을 읽는 것과도 마찬가지이다.

2015년 7월 23일

박형춘

차 례

머리말

제 1 과 凡训蒙，须讲究。详训诂，明句读。 ……11

제 2 과 为学者，必有初。小学终，至四书。 ……17

제 3 과 论语者，二十篇。群弟子，记善言。 ……23

제 4 과 孟子者，七篇止。讲道德，说仁义。 ……29

제 5 과 作中庸，子思笔。中不偏，庸不易。 ……35

제 6 과 作大学，乃曾子。自修齐，至平治。 ……41

제 7 과 孝经通，四书熟。如六经，始可读。 ……47

제 8 과 诗书易，礼春秋。号六经，当讲求。 ……53

제 9 과 有连山，有归藏。有周易，三易详。 ……59

제10과 有典谟，有训诰。有誓命，书之奥。 ……63

제11과 我周公，作周礼。著六官，存治体。 ……69

제12과 大小戴，注礼记。述圣言，礼乐备。 ……73

제13과 曰国风，曰雅颂。号四诗，当讽咏。 ······ 79
제14과 诗既亡，春秋作。寓褒贬，别善恶。 ······ 85
제15과 三传者，有公羊，有左氏，有谷梁。 ······ 91
제16과 经既明，方读子。撮其要，记其事。 ······ 97
제17과 五子者，有荀杨，文中子，及老庄。 ······ 101
제18과 经子通，读诸史。考世系，知终始。 ······ 107
제19과 自牺农，至黄帝，号三皇，居上世。 ······ 115
제20과 唐有虞，号二帝。相揖逊，称盛世。 ······ 123
제21과 夏有禹，商有汤，周文武，称三王。 ······ 131
제22과 夏传子，家天下。四百载，迁夏社。 ······ 141
제23과 汤伐夏，国号商。六百载，至纣亡。 ······ 147
제24과 周武王，始诛纣。八百年，最长久。 ······ 155

Appendix ❶ 연습문제 참고답안 • 163
Appendix ❷ 원문 해설 해석 • 169

일러두기 ▶▶

1. 이 책은 『삼자경』 원문을 중국어로 풀어 쓴 강의 교재이다.

2. 교재로서의 활용도를 높이기 위해 구성은 최대한 간단하게 하였다. 먼저 『삼자경』 원문을 문맥에 따라 나눠 매 과 제목으로 설정하였고, 이어 각 과마다 중국어로 된 원문 해설을 실었다. 뒤이어 단어풀이, 연습문제와 『삼자경』 원문의 해석을 두어 과 구성을 맞췄다. 책 말미에 연습문제 정답과 한글 해석을 덧붙였다.

3. 『삼자경』 원문은 1991년 베이징 중국서점(中國書店)이 영인(影印)한, 송(宋)나라 왕응린(王應麟)이 짓고 청(淸)나라 왕상(王相)이 훈고한 『삼자경훈고(三字經訓詁)』를 기초로 하였다.

4. 원문 해설은 강의용으로 적합하게 엮었으며, 기존의 해설도 참고하였다.

5. 연습문제는 해설 내용을 근거로 문제 풀이 방식으로 구성하였다. 다만 '순서에 맞게 배열하기'는 학습자의 실력 향상을 위해 해설과 다른 내용도 담았다.

6. 『삼자경』 원문은 정체로 기록되어 있으나, 본 교재에서는 모두 간체자로 표기하였다.

7. 이 책의 중국어 발음 우리말 표기는 한자음으로 통일하고 필요에 따라 한자를 병기하였으며, '一', '不'의 병음 성조 표기는 연독변조(連讀變調) 규칙에 의해 표기하였다.

8. 이 책에 수록된 『삼자경』은 이미 출간된 『삼자경으로 배우는 중국어』를 이어 전반부 107구(句) 부터 구성하였다. 수록하지 못한 나머지 부분은 역시 후속 작업을 통해 계속 출간될 예정이다.

제 1 과

凡训蒙，须讲究。
详训诂，明句读。

Fán xùn méng, xū jiǎng jiū.
Xiáng xùn gǔ, míng jù dòu.

원문 해설

儿童的启蒙教育一定要引起重视。如果有条件，家长要给孩子选择优秀的老师；老师要针对孩子的具体情况因材施教。例如，孔子的学生子夏向他请教什么是孝时，孔子回答说："色难"。给父母脸色看是子女常干的事，如果能够做到不给父母吊脸色就是孝顺了。"色难"有两层意思，一是脸色难看，二是不使脸色很难看。孔子的回答是专门针对子夏说的，可能子夏经常犯"色难"的毛病。其他学生如果没有这个缺点，说到孝时孔子就会换个说法。能够因人施教的老师才是最优秀的。

要想认识汉字和读懂古文，还要掌握两个基本功，就是详训诂，明句读。“训诂”是针对识字说的，认识一个字要详细地了解这个字的字形、字音、字义。古人把研究字的形音义合起来称为训诂学，认为这才是一切学问的根基。在阅读古文的过程中，随着识字量的增加，从字的形音义三方面入手去识字的方法就会越来越熟练，阅读古文的能力也会越来越强。“句读”是针对阅读说的，相当于现代的标点符号。古人写文章都是一文到底，中间是不用标点符号的；认为一经圈点，文气容易被割断，文章也就失去了活气。句读的基本原则就是“语绝为句，语顿为读”；语气结束的地方就是一句话了，用圈（句号）标记，没有结束的停顿叫读，用点（逗号）标记。孔子有一句话是：“民可使，由之；不可使，知之。”意思是老百姓懂道理，就随他们去，为政者不要没事找事；老百姓不懂道理，就要教育他们，这是为政者的责任。可是有的人把孔子这句话句读为“民可使由之，不可使知之”，意思就变成“老百姓是用来驱使干活的，不能让他们学习知识懂得道理”了。这样就完全曲解了孔子的原话，因为孔子历来提倡“有教无类”，也就是人人都有受教育的平等的权利。可见正确的“句读”对于阅读和理解也是极为重要的基本能力。

단어 풀이

启蒙 qǐméng (아동에 대한) 초기 교육, 계몽하다

引起 yǐnqǐ (주의, 관심 등을) 이끌어내다

条件 tiáojiàn 여건, 조건

家长 jiāzhǎng 학부모

选择 xuǎnzé 선택하다

优秀 yōuxiù 우수하다

针对 zhēnduì (~을) 주로 염두에 두다, 주 타깃으로 삼다

因材施教 yīncái-shījiào 수준에 맞는 적절한 방법으로 교육하다

请教 qǐngjiào 가르침을 청하다

犯 fàn (잘못 등을) 범하다

缺点 quēdiǎn 결점, 약점

掌握 zhǎngwò 장악하다

训诂 xùngǔ 고문 어구의 의미를 해석하다, 훈고

句读 jùdòu 고문을 해석할 때 쉼표와 마침표를 찍다, 구두

形音义 xíngyīnyì (한자의) 자형, 발음, 의미

根基 gēnjī 기초, 기반

熟练 shúliàn 숙련되다

圈点 quāndiǎn (문장부호에 쓰는) 둥근 원 점

割断 gēduàn 나뉘다, 잘리다

句号 jùhào (문장부호) 마침표

停顿 tíngdùn (말, 글) 쉬다, 멈추다, 휴지하다

逗号 dòuhào (문장부호) 쉼표

驱使 qūshǐ (강압적으로) 하게 하다

干活 gànhuó 일하다

曲解 qūjiě 곡해하다, (의도적으로) 달리 해석하다

提倡 tíchàng (~하도록) 장려하다, 제창하다

고유 명사

子夏 Zǐxià 자하, 공자의 제자

연습 문제

1 **아래 단어로 빈칸을 채우시오.**

Ⓐ 掌握　　Ⓑ 善恶　　Ⓒ 谦让

(1) 要想认识汉字和读懂古文，还要(　　　)两个基本功。

(2) 为人之德只在(　　　)；修身之道只在正派；行善之要只在喜舍；朋友之交只在情义。

(3) 人之所以为人，那便是能辨是非，能分(　　　)。

2 **빈칸에 알맞은 단어를 쓰시오.**

(1) 可见正确的"句读"(　　　)阅读和理解也是(　　　)重要的基本能力。

(2) 训诂学是中国传统研究古书词义的学科，主要根据文字的(　　　)与(　　　)，以解释文字的(　　　)。

(3) 其他学生(　　　)没有这个缺点，说到孝时孔子就会换个说法。能够因人施教的老师(　　　)是最优秀的。

3 아래 문장이 맞으면 ✔표, 틀리면 ✗표 하시오.

(1) 古人把研究字的形音义合起来称为文字学。 (　　)

(2) 孔子“有教无类”思想的理论基础是其“众生一体都有善性”的理论。正是基于“人皆可以通过教育成才成德”的认识，孔子才作出了“有教无类”的论断。 (　　)

(3) 古人用词造句习惯于用实词表示停顿和语气，有些实词实际上起着某些标点的作用。 (　　)

4 순서에 맞게 배열하시오.

(1) 启蒙教育 儿童 一定 要 的 重视 引起

____

(2) 越练越 胆子会 大 厚 脸皮会 越磨越

____

⑶ 高薪养廉 我 还 可以 靠不住 的 补充 理由 几条

____

三字经

원문 해석

凡训蒙，须讲究。详训诂，明句读。

무릇 아이에 대한 가르침은 모름지기 중시해야 한다. 어구의 의미를 상세히 파악하게 하고, 어디서 끊고 마쳐야 하는지를 명석하게 알도록 해야 한다.

제2과

为学者，必有初。
小学终，至四书。

Wéi xué zhě, bì yǒu chū.
Xiǎo xué zhōng, zhì sì shū.

원문 해설

要登高山必须从山脚爬起，要走远路必须从第一步迈起；读书求学，必须有一个良好的开端，才能打下坚实的基础。按中国的古礼，也就是周公之礼，小孩子六岁就读小学，十八岁束发，举行成人礼节后进入大学。小学教育先从生活规范开始，教学生先学习如何做人如何生活。概括起来就是学习"洒扫、应对、进退"。教会孩子从眼前的扫地抹桌子等小事做起，长大了才能做大事。小事做不来，应对之事就更成问题了。常有这样的孩子，你问他：贵姓？府上在哪里？他就回答：我贵姓某；我府上某地。这是他不懂得应对的礼仪。至于进退就更难了，一件东西该不该拿、一件事情该不该做，这些都是有学问的，要从小开始学。如见到长辈如何问候，到亲友家拜访该站还是该坐，站在哪里、坐在哪里等等都有规矩可学。传统的小学到八岁时开始学文字，背诵一些浅显的文章。此外，小学阶段还要接受"礼乐射御书数"的小六艺教育，也就是我们今天所说的德智体全面发展。礼是生活规范，乐是艺术修养，射是射箭健体，御是驾车骑马，书是习字书法，数是识数算术。

这些内容学完了，就该读"四书"了。四书是《大学》、《中庸》、《论语》、《孟子》。简单地说《大学》谈法，相当于方法论；《中庸》谈理，相当于认识论；《论语》、《孟子》是事例，由孔子和孟子分别演说"仁"和"义"。从传承上看，孔子传曾子，曾子著《大学》；曾子传子思，子思著《中庸》。孟子是子思的传人，他的年龄比子思小了近百岁。南宋时期的大学问家朱子把这四部经典合在一起，才有了"四书"的名称；在元明清三代"四书"成为科举考试的标准，所以是少年学子的必读书目。

단어 풀이

必须 bìxū 반드시 ~해야 한다

迈 mài (일 등 시작을 위해) 내딛다, 나아가다

开端 kāiduān 시작, 처음, 발단

坚实 jiānshí 견실하다

束发 shùfà (성인이 되어) 머리를 묶어 올리다, 상투 틀다

规范 guīfàn 규범

概括 gàikuò 개괄하다, 요약하다, 총괄하다

洒扫 sǎsǎo 물 뿌리고 청소하다

应对 yìngduì 응대하다, 대처하다

进退 jìntuì 진퇴, 나아가고 물러남

扫地 sǎodì 마당 청소하다

长辈 zhǎngbèi 윗사람, 어른

拜访 bàifǎng (예를 갖춰) 방문하다, 찾아뵙다

规矩 guīju 규율, 규범, 예법

背诵 bèisòng 암기하다, 외우다

浅显 qiǎnxiǎn (문장이 평이하고 명료해서) 이해하기 쉽다

射箭 shèjiàn 활쏘기

习字 xízì 글자를 익히다, 습자

识数 shíshù 수를 알다

演说 yǎnshuō 연설하다

传承 chuánchéng 전하고 계승하다, 전승하다

科举 kējǔ 과거

标准 biāozhǔn 표준, 기준

연습 문제

1 **아래 단어로 빈 칸을 채우시오.**

Ⓐ 教育　　　Ⓑ 礼貌　　　Ⓒ 坚持

(1) 我每天(　　　)锻炼，希望能有一个好身体。

(2) 中国人特别重视孩子的(　　　)问题。

(3) 人们应从小养成(　　　)待人的习惯。

2 **빈칸에 알맞은 단어를 쓰시오.**

(1) 礼仪是人与人之间沟通的桥梁，它要求我们(　　　)最合适的方式(　　　)待人接物，对人类社会发展(　　　)促进作用。

(2) 小学教育先从生活规范(　　　)，教学生先学习(　　　)做人如何生活。概括(　　　)就是学习“洒扫、应对、进退”。

(3) 教育(　　　)指学校教育，(　　　)包括家庭教育和社会教育，它是指根据社会的要求，有目的地(　　　)人们获得知识和技能。

3 아래 문장이 맞으면 ✔표, 틀리면 ✗표 하시오.

(1) 《论语》是记录孔子及其弟子言行的一本著作，是“四书”之一。 (　　)

(2) 孟子提出“性恶说”，认为人生来就是邪恶的，带有一切不美好的品质，但是可以通过后期的努力来不断完善自我，矫正“恶”的天性。 (　　)

(3) 在中国古代，人们把科举考试的第一名叫做“元”，所以乡试的第一名叫做“解元”，会试的第一名叫做“会元”，殿试的第一名叫做“状元”。 (　　)

4 순서에 맞게 배열하시오.

(1) 玩电脑　工作　的　不允许　公司　时候

____

(2) 热情　的　出租车　北京　都　特别的　司机

____

(3) 妈妈　弄坏　新买的　小明　了　自行车　把

____

원문 해석

为学者，必有初。小学终，至四书。

학문하는 사람에게는 반드시 처음이 중요하다. 소학 공부를 마쳐야 사서 학습에 이를 수 있다.

제3과

论语者，二十篇。
群弟子，记善言。

Lún yǔ zhě, èr shí piān.
Qún dì zǐ, jì shàn yán.

원문 해설

《论语》是孔子教育学生传播思想的记录，内容是孔子的学生记载圣人讲述为人处世和为政行仁的言论，其中既有孔子与学生的对话，也有学生之间的相互问答。

据说孔子去世以后，弟子和再传弟子为了纪念先师、勉励自己、教育后来的人，纷纷将自己的笔记拿出来挑选编排，第一次编了前十篇。后来许多远方的或未能参加选编的弟子们看了之后，认为编得不全，各人那里还有一些先师的言行没有编入，就又编了第二次，也就是后十篇。前十篇因是专门编辑，所以系统性比较强，篇篇都有主题，篇与篇也有联系。后十篇因是补编，相对来说不如前十篇编得那么严密。

《论语》第一篇讲学习的重要性；第二篇讲学了做什么，治国平天下；第三篇讲治国要找出的主要社会问题，是混乱无序；第四篇讲治理无序的方法，是建立仁德；第五六篇讲建立仁德，要靠人才；第七篇讲人才的来源，要靠教育；第八篇讲孔子的教育理论是对古人的继承与总结；第九篇讲孔子博大精深的思想体系；第十篇讲孔子实践其思想的言行记录。后十篇主要记录孔子的政治实践与周游列国的情况。

曾经有人评价孔子：中国文化若要以一个人为代表，只有孔子。了解孔子伟大思想的最佳途径就是阅读《论语》。

단어 풀이

传播 chuánbō 전파하다, 전하다

记载 jìzǎi 기재하다

处世 chǔshì 처세

行仁 xíngrén 인을 행함

言论 yánlùn 언론, 의견, 언사, 담론

先师 xiānshī 선사, 전대의 스승

勉励 miǎnlì 면려하다, 격려하다

纷纷 fēnfēn 잇달아, 줄지어

挑选 tiāoxuǎn 선별하다, 선택하다

编排 biānpái 엮어 나열하다, (순서대로) 엮어내다, 펴내다

选编 xuǎnbiān 골라 엮다, 선별하여 편찬하다

编入 biānrù 엮어 넣다

严密 yánmì 면밀하다, 빠짐없다

编辑 biānjí (책) 엮어 모으다, 펴내다, 편집하다가

究竟 jiūjìng 대관절, 도대체, 궁극에

或许 huòxǔ 아마, 혹시

笑谈 xiàotán 우스갯소리, 농담

无序 wúxù 무질서하다

总结 zǒngjié (마무리) 요약 정리하다

博大精深 bódà-jīngshēn (사상, 학식이) 넓고 심오하다

途径 tújìng 길, 방법, 수단

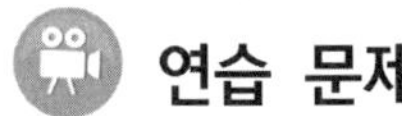

연습 문제

1 아래 단어로 빈 칸을 채우시오.

Ⓐ 激励　　Ⓑ 勉励　　Ⓒ 纪念

(1) 他的人格是唯一值得（　　）的。

(2) 在我们年轻时，好书陶冶我们的性情，增长我们的见识；到我们年老时，它又给我们以安慰和（　　）。

(3) 在我面对困难失去信心的时候，她总是讲有意义的故事（　　）我振作起来。

2　빈칸에 알맞은 단어를 쓰시오.

(1)《论语》的内容是孔子的学生记载圣人讲述为人处世和为政行仁的言论，其中（　　）孔子与学生的对话，（　　）学生之间的相互问答。

(2) 孔子办教育，（　　）培养学生的道德观念放在第一位，（　　）文化学习只是第二位的。

(3)《论语》前十篇因是专门编辑，（　　）系统性比较强，篇篇都有主题，篇与篇也有联系。后十篇因是补编，（　　）来说不如前十篇编得(　　)严密。

3　아래 문장이 맞으면 ✔표, 틀리면 ✗표 하시오.

(1)《论语》中国春秋时期一部语录体散文集，主要记录孔子及其弟子的言行。它较为集中地反映了孔子的思想。（　　）

(2) “仁”是孔子哲学思想的最高范畴，又是伦理道德准则。（　　）

(3)《论语》前十篇主要记录孔子的政治实践与周游列国的情况。 ( )

4 **순서에 맞게 배열하시오.**

(1) 那座桥 800年的 历史 有 了

____

(2) 发表 这篇 什么时候 是 的 论文

____

(3) 今天的 真 味道 不错 汤

____

三字经

원문 해석

论语者，二十篇。群弟子，记善言。

《논어》는 모두 20편이다. 여러 제자들이 바른 말씀을 기록했다.

孟子者，七篇止。讲道德，说仁义。

Mèng zǐ zhě, qī piān zhǐ.
Jiǎng dào dé, shuō rén yì.

원문 해설

《孟子》这部书共有七篇文章，是孟子晚年与弟子万章、公孙丑等一起将自己的言论编辑而成。孟子的学说是对孔子学说的全面继承和发展。孔子谈仁，孟子便谈仁义；孔子谈德治，孟子便谈以德服人的王道；孔子以人为本，孟子以民为本。孟子还为孔子的“仁”的思想找到了理论基础，便是“人性善”的理论。人天性善，才有了爱人行仁的可能，才能进而发展到具备“仁义礼智”四德；人人天生都有善性，所以孟子说人人都可以成为尧舜那样的圣人。

孟子曾经去说服齐宣王施行仁政。齐宣王虽然心里不服气，又找不出理由拒绝就应付说，我有个毛病是好色，没办法施行仁政。孟子说，好色有什么关系？男女活在世上都有欲望，谁不爱自己的女人呢？周文王的先祖太王也好色。如果您能将此心推广开，使国内没有孤男寡女，好色又怎么会影响您施行仁政呢？齐宣王又说，我还有个毛病，就是贪财。孟子回答说，贪财有什么不好？谁不爱财呢？周公的先祖公刘也爱财，他和百姓一起富国强兵。您如果也这么做，爱财和施行仁政还有矛盾吗？齐宣王又说，我喜欢听流行歌曲。孟子说，听什么歌曲并不重要，重要的是您独自一个人听呢，还是和别人一起听；是同少数人享受听歌的乐趣呢，还是同更多的人享受听歌的乐趣。如果您能同广大百姓一起享受，听歌又有什么不好呢？孟子就是这样一步步引导齐宣王接受自己的政治主张，不达目的决不罢休。

《孟子》，文风雄劲刚强、文采飞扬，说理透彻、有条不紊，对后世的影响非常大。

단어 풀이

说服 shuōfú 말로써 따르게 하다, 설득하다, 설복하다
服气 fúqì (받아들이고) 인정하다, 승복하다, 수긍하다
应付 yìngfu (사람, 일에 대해 억지로 마지못해) 응대하다
毛病 máobìng 결점, 나쁜 버릇(습관)
好色 hàosè 이성에 대한 외모적 관심, 색을 가까이 하다
施行 shīxíng 시행하다
欲望 yùwàng 욕망

推广 tuīguǎng 널리 퍼지게 하다, 보급시키다

孤男寡女 gūnán-guǎnǚ 독신남, 독신녀

贪财 tāncái 재물을 탐하다

矛盾 máodùn 모순

享受 xiǎngshòu 누리다, 즐기다

乐趣 lèqù 즐거움

引导 yǐndǎo 인도하다, 이끌다

雄劲 xióngjìng 강하고 힘이 넘치다

有条不紊 yǒutiáo-bùwěn (말, 글이) 조리 있고 반듯하다

吸取 xīqǔ 섭취하다

고유 명사

万章 Wànzhāng 만장, 맹자의 제자

公孙丑 Gōngsūnchǒu 공손축, 맹자의 제자

尧舜 Yáoshùn 요순 임금

齐宣王 Qíxuānwáng 제나라 선왕

연습 문제

1 아래 단어로 빈 칸을 채우시오.

Ⓐ 按时　　Ⓑ 及时　　Ⓒ 守时

(1) 丽丽学习中文有自己的一套方法，每次遇到错误她都会（　　）改正并且记录下来，长期的积累使她的中文水平有了很大的进步。

(2)（　　）是一种美德。懂得珍惜时间的人，不仅仅要注意不浪费自己的时间，也要时时注意不能够白白浪费别人的时间。

(3) 在与人交往的过程中，我们需要树立正确的时间观念，和别人约定好了时间就一定要（　　）到达。

2 빈칸에 알맞은 단어를 쓰시오.

(1) 孟子还为孔子的“仁”的思想找到了(　　)基础，便是(　　)理论。

(2) 孟子就是这样一(　　)引导齐宣王接受自己的政治主张，不达目的决不(　　)。

(3) 近期，人与自然的关系变得更加(　　)，大气污染一天天(　　)，这就需要相关部门加强批评，积极(　　)。

3 아래 문장이 맞으면 ✔표, 틀리면 ✗표 하시오.

(1) 孟子继承了孔子“仁”的思想并将其发展成为“仁政”思想，被称为“亚圣”，与孔子合称为“孔孟”。 (　　)

(2) 孟子提出“民本”思想，认为“君者，舟也；庶人者，水也。水则载舟，水则覆舟”。 (　　)

(3) 在政治方面，孟子认为“劳心者治人，劳力者治于人”，并且模仿周制拟定了一套从天子到庶人的等级制度。 (　　)

4 순서에 맞게 배열하시오.

(1) 爸爸　带着　三峡　去　我　旅游

____

(2) 小朋友们　老师　来到　不知不觉　和　说说笑笑　一路上　公园

____

(3) 圆圆的　小猫　眼睛　一条线　在　眯成　阳光下

____

원문 해석

孟子者，七篇止。讲道德，说仁义。

《맹자》는 7편에서 끝난다. 도, 덕을 논하고, 인, 의를 주장했다.

作中庸，子思笔。
中不偏，庸不易。

Zuò zhōng yōng, zǐ sī bǐ.
Zhōng bù piān, yōng bú yì.

원문 해설

《中庸》这篇文章是子思作的。孔子19岁结婚，20岁生下孔鲤，当时鲁昭公送了一条鲤鱼前往祝贺，所以孔子为他取名为鲤。孔鲤一生平平淡淡，活了50岁，在孔子70岁时就去世了。但孔鲤的儿子孔伋（字子思）非常了不起，他小时候看见祖父独自长叹就问祖父，您是担心祖业儿孙不能继承呢，还是羡慕尧舜而抱憾自己不如他们呢？孔子说，你一个小孩子哪里知道我的志向啊。孔伋又说，我常听您说，做父亲的劈柴，儿子不能背负就是不孝；我往往想到这里就害怕，怕耽误了帮父母做事，一点也不敢松懈。孔子高兴地说，你能说出这样的话，祖业大概可以昌盛了。孔子去世时，孔伋才6岁，没能聆听孔子的教诲。后来孔伋跟孔子的弟子曾参学习，最终成为一代大思想家。孔伋的弟子又将他的思想传给孟子，成就了另一位圣人。

中庸的思想也是来自于孔子。孔子著了一部史书，叫《春秋》。为什么叫春秋呢？这里有取中的意思：冬天冷，夏天热，温度不适中；冬日短，夏日长，日照不适中，都不合乎取中的思想。只有春秋不冷不热，白天黑夜差不多；取中就有了评判历史的思想标准，所以叫《春秋》。可见中就是中立的意思，不偏不倚公平公正。庸是庸常的意思，就是平平常常普普通通。平常才能长久，普通才是伟大。平常人往往不知足不知止，追求越高越好。其实高处没有路只有险，高处没有温只有寒。老老实实做人，踏踏实实做事，人可以幸福长寿，民可以和谐有序，国可以长治久安。

단어 풀이

鲤鱼 lǐyú 잉어

去世 qùshì 세상을 뜨다, 죽다

了不起 liǎobuqǐ 대단하다, 뛰어나다

长叹 chángtàn 길게 탄식하다

祖业 zǔyè 조상의 업적, 집안 계승의 과업

儿孙 érsūn 자식과 손자

继承 jìchéng 계승하다

羡慕 xiànmù 부러워하다

抱憾 bàohàn 유감으로 생각하다

志向 zhìxiàng 지향, 포부, 의지

劈柴 pīchái 장작을 패다

背负 bēifù (등에) 지다, 짊어지다, 책임지다

害怕 hàipà 두려워하다, 무서워하다

耽误 dānwù (시간을 지체해) 일을 그르치다, 헛되게 하다, 지체하다

不敢 bùgǎn 감히 ~하지 못하다

松懈 sōngxiè 느슨하다, 헤이하다, 풀어지다

昌盛 chāngshèng 번창하다, 번영하다

聆听 língtīng 경청하다, 귀 담아 듣다

教诲 jiàohuì 가르침

评判 píngpàn 판정하다, 판별하다

中立 zhōnglì 중립, 치우지지 않음

庸常 yōngcháng 늘 그러함, 평범함

知足 zhīzú (가진 것에) 만족함을 알다

知止 zhīzhǐ 그칠 줄 알다

追求 zhuīqiú 추구하다, 좇다

老老实实 lǎolaoshíshí (사람됨이) 성실하다

踏踏实实 tātashíshí (일 함에) 거짓 없이 착실하다

고유 명사

孔鲤 Kǒnglǐ 공자의 아들, 공리

鲁昭公 Lǔzhāogōng 노나라 군주, 노소공

孔伋 Kǒngjí 공자의 손자, 공급, 자 자사

曾参 Zēngshēn 공자의 제자, 증삼(증자)

연습 문제

1 아래 단어로 빈 칸을 채우시오.

Ⓐ 平平淡淡　Ⓑ 普普通通　Ⓒ 平平常常

(1) 我不相信他对于这样（　　）、屡见不鲜的利害关系如此缺乏先见之明！

(2) 生活就像白开水（　　）没什么味道，加点糖甜甜美美。

(3) 我对他的遭遇，不只是（　　）的同情，还有一种深切的同病相怜的感触。

2 빈칸에 알맞은 단어를 쓰시오.

(1) 中庸之道中慎独自修的原则要求人们(　　)自我修养的过程中，(　　)自我教育、自我监督、自我約束。

(2) 中国儒家学派创始人孔子晚年整理的（　　）、（　　）、《礼》、《易》、《乐》（　　），后人称之为“六经”。

(3) “孝”是“仁”的重要内容之一，在儒家看来，（　　）父母，（　　）兄长，是实行仁德的根本。

3　**아래 문장이 맞으면 ✔표, 틀리면 ✗표 하시오.**

(1) 中庸之道的主要原则有三条：一是慎独自修，二是忠恕宽容，三是至诚尽性。（　　）

(2) 《春秋》成为经书比《诗》、《书》、《礼》、《乐》这四经为早。（　　）

(3) 《中庸》强调中庸之道是人们片刻也不能离开的，但要实行“中庸之道”，还必须尊重天赋的本性，通过后天的学习。（　　）

4　**순서에 맞게 배열하시오.**

(1) 心情　旅行　能　使人　愉快

____

(2) 具有　小麦　营养　很高的　价值

____

(3) 小狗　抱到了　爸爸　把　沙发上

____

원문 해석

作中庸，子思笔。中不偏，庸不易。

《중용》은 자사가 지었다. '중'은 치우치지 않음이고, '용'은 변하지 않음이다.

제6과

作大学，乃曾子。
自修齐，至平治。

Zuò dà xué, nǎi zēng zǐ.
Zì xiū qí, zhì píng zhì.

원문 해설

《大学》的作者是孔子的弟子曾子，他是孔子弟子中年龄最小的一个，比孔子小46岁。曾子的父亲曾点也是孔子的学生。曾子以孝著称，年轻时耕田务农侍奉父母，中年到楚国等地做过官，晚年著书讲学，相传也有70多个弟子。《大学》的主要内容是修身、齐家、治国、平天下。

古人将《大学》的核心归纳为三纲领八条目。三纲领：一、读书的目的是要使人内心的真善美显现出来；二、彰显美好的品德使百姓愿意亲近你并接受你的感化；三、坚持下去你就能达到至善至美的境界。八条目分别是：寻求每一样具体事物的道理；研究具体事物的道理，进而认识万物的本质规律；在众人面前是什么样子，自己独处时也是什么样子；要学会控制自己的各种情感，而不过分发泄；修养身心，调整言行；教育感化家族成员；而后你才能具备治理一国的能力；最后你才能使天下太平和谐。《大学》是中国的政治哲学，修身、齐家、治国、平天下几乎是所有中国传统读书人的人生追求，对中国文化的影响非常深远。

단어 풀이

耕田 gēngtián 경작하다

务农 wùnóng 농사에 종사하다

侍奉 shìfèng 부모를 봉양하다, 모시다

著书 zhùshū 책을 집필하다

讲学 jiǎngxué 학술 강연을 하다

核心 héxīn 핵심

归纳 guīnà 귀납하다, 귀결되다

纲领 gānglǐng 강령

条目 tiáomù 조목

显现 xiǎnxiàn 표출되다, 나타나다, 드러나다

彰显 zhāngxiǎn 확연히 나타나다

亲近 qīnjìn 가깝게 여기다, 친근히 여기다

感化 gǎnhuà 감화시키다

境界 jìngjiè 경계

寻求 xúnqiú 찾다, 구하다

控制 kòngzhì 제어하다, 조절하다

情感 qínggǎn 감정

发泄 fāxiè (감정 등을)내보이다, 털어놓다, 토로하다

具备 jùbèi 구비하다

追求 zhuīqiú 추구하다

深远 shēnyuǎn 깊다, 심오하다

연습 문제

1 **아래 단어로 빈 칸을 채우시오.**

Ⓐ 麻烦　　Ⓑ 道歉　　Ⓒ 后悔

(1) 生活中，有一种痛苦叫错过。我们总习惯在过去的某个时刻为什么不做另一个选择而（　　）。

(2) 金钱的诱惑使他失去了理智，做了不该做的事情，然而，事后他真诚的（　　）也使他得到了社会的原谅。

(3) 很多事情必须要脚踏实地地做才能真正有所收获，我们一定不要怕（　　），积极面对才是最好的解决办法。

2 빈칸에 알맞은 단어를 쓰시오.

(1) 曾子以孝(　　　)，年轻时耕田务农侍奉父母，中年到楚国等地做(　　　)官，晚年著书讲学，(　　　)也有70多个弟子。

(2) 社会(　　　)"光盘行动"，吃多少买多少，节约光荣，浪费可耻，这有助于我们（　　　）良好的生活(　　　)。

(3)《大学》是中国的政治(　　　)，修身、齐家、治国、平天下几乎是所有中国传统读书人的人生(　　　)，对中国文化的(　　　)非常深远。

3 아래 문장이 맞으면 ✔표, 틀리면 ✗표 하시오.

(1) 曾子上承孔子之道，下启思孟学派，对孔子的儒学学派思想既有继承，又有发展和建树。 (　　)

(2)《大学》提出了"三纲"和"八目"，强调修己是治人的前提，修己的目的是为了治国平天下，说明治国平天下和个人道德修养的一致性。 (　　)

(3) 格物、致知、诚意、正心、修身、齐家、治国、平天下，后世称之为《大学》的"八条目"，这是实现"三纲领"的具体步骤。 (　　)

4 순서에 맞게 배열하시오.

(1) 电视塔上 孩子们 游玩 东方明珠 快乐地 在

____

(2) 在白纸上 小明 最美丽的 用铅笔 文字 写出

____

(3) 好像 小娃娃 游泳 小青蛙 一群 在水里

____

원문 해석

作大学，乃曾子。自修齐，至平治。

《대학》은 증자가 지었다. 수신, 제가부터 치국, 평천하에 이른다.

孝经通，四书熟。
如六经，始可读。

Xiào jīng tōng, sì shū shú.
Rú liù jīng, shǐ kě dú.

원문 해설

《三字经》是在“四书”之后才提到《孝经》的，但古人读书却是要先读《孝经》，这是按照“首孝悌，次见闻”的教学顺序来安排的。《孝经》是曾子问孝，孔子回答；后来曾子在讲学时与弟子们讨论研究，再由弟子们整理而成。

《孝经》十八章，只讲了一个问题，就是“孝”。其主要内容又分为三个方面：第一章开宗明义，讲孝道的主旨；第二章到第六章讲天子、诸侯、卿大夫、士、庶人五种人不同的孝；第七章到结尾，讲推行孝道对于治国平天下的巨大力量。

学习《孝经》，实行孝道，一定要结合自己在家庭、在学校、在单位、在社会上的身份来思考具体该怎么做，这样你才能把敬父母、敬师长、敬上级、敬领导的每一个细节做好。孝顺父母尊敬长辈也应该分辨是非。古时有一个当父亲的，有一天看到别人家的羊跑到自家的院子里就关上门扣留下来。他儿子发现后就去告发了这件事。这个儿子的做法对不对呢？举报父亲的非法所得，虽然并不错；但从孝道来说，看到事情发生应劝父亲停止错误做法，看到既成事实应劝父亲给失主送回去，即使报官也应劝父亲前去自首。只有这样才是对父亲的真正爱护，才是真正的孝道。而如果帮助父亲把羊藏起来，那便是愚孝，是跟着父亲共同犯错误。

先把《孝经》的思想融会贯通了，再熟读"四书"学习做人处事的道理，有了这些做学问的基础，然后就能学习比较深奥的典籍——"六经"了。

단어 풀이

按照 ànzhào (~에) 따르다, 의거하다

顺序 shùnxù 순서

整理 zhěnglǐ 정리하다

开宗明义 kāizōng-míngyì 효경의 제1편 편명, 주요 내용을 담음

主旨 zhǔzhǐ 중심 내용, 요지, 핵심

庶人 shùrén 서민, 백성

结尾 jiéwěi 끝, 결말

推行 tuīxíng 추진하다

结合 jiéhé 결합하다, 결부하다

师长 shīzhǎng 스승

上级 shàngjí (조직의) 상부, 상급자

领导 lǐngdǎo 리드하다, 이끌다, 지도자, 리더

细节 xìjié 세밀하다

长辈 zhǎngbèi 연장자, 윗사람

分辨 fēnbiàn 분간하다, 가리다, 분별하다

扣留 kòuliú 구류시키다

告发 gàofā 고발하다

做法 zuòfǎ (일 처리) 방법

举报 jǔbào 신고하다

错误 cuòwù 착오, 잘못

既成事实 jìchéng-shìshí 이미 이루어진 사실, 기정사실

报官 bàoguān (옛날에) 관아에 보고하다

前去 qiánqù (어디로) 가다, 나가다

爱护 àihù 소중히 하다, 보살피다, 보호하다

融会贯通 rónghuì-guàntōng 다방면의 지식이나 도리를 모두 통달하다

熟读 shúdú 숙독하다

深奥 shēn'ào 심오하다

典籍 diǎnjí 고서, 전적

연습 문제

1 아래 단어로 빈 칸을 채우시오.

Ⓐ 分辨　　Ⓑ 辨认　　Ⓒ 混淆

(1) 他们长的非常相像，只有父母能（　　）出来。

(2) 两个资源都有相似的命名惯例，很容易就将它们（　　）。

(3) 我无法（　　）他那潦草的字迹。

2 빈칸에 알맞은 단어를 쓰시오.

(1) “四书”指的是（　　）、《孟子》、《大学》、（　　）。

(2)《孝经》，以(　　)为中心，比较集中地阐述了儒家的(　　)思想。

(3) 古时有一个(　　)父亲的，有一天看到别人家的羊跑到自家的院子里就关(　　)门扣留下来。他儿子发现后(　　)去告发了这件事。

3 아래 문장이 맞으면 ✔표, 틀리면 ✗표 하시오.

(1) 五经指《诗经》、《中庸》、《礼记》、《周易》、《春秋》。（　　）

(2)《孝经》在长期以来被看作是“孔子述作，垂范将来”的经典，对传播和维护社会伦理起了很大作用。（　　）

(3) "四书五经"详实地记载了中国民族思想文化发展史上最活跃时期的政治、军事、外交、文化等各方面的史实资料及影响中国文化几千年的孔孟重要哲学思想。 (　　)

4 **순서에 맞게 배열하시오.**

(1) 包里　一瓶　矿泉水　剩下　只

____

(2) 下个学期　比较　的　课　轻松

____

(3) 的　你个人　这　只能　观点　代表

____

三字经

원문 해석

孝经通，四书熟。如六经，始可读。

《효경》에 통달하고 《사서》를 익혀야 한다. 육경을 비로소 가히 공부할 수 있다.

제8과

诗书易，礼春秋。
号六经，当讲求。

Shī shū yì, lǐ chūn qiū.
Hào liù jīng, dāng jiǎng qiú.

원문 해설

《诗经》、《书经》、《易经》、《仪礼》、《周礼》、《春秋》合称为"六经"，凡是有志于读书的人都应当仔细研习，探求其中的道理。"六经"占了中国文化史上的六个第一：《诗经》是中国第一部诗歌总集；《书经》也叫《尚书》是中国第一部历史文献；《易经》是中国第一部经典，后世的诸子百家，一切学问都根源于此；《周礼》是中国第一部组织管理与典章制度的专著；《礼经》是中国第一部文化资料汇编；《春秋》是中国第一部编年史。后世排除《周礼》之后称为"五经"，又与"四书"合并称作“四书五经”。

什么叫做“经”呢？经的本意是织布的纵丝，织布的横丝叫纬。织布时要先把纵丝固定，再织横丝。纵丝对于织物有类似规定限制的作用，因此经就引申为规范、原则的意义。规范原则代表权威，所以经书就指有权威的书。

“六经”是孔子编辑修订的。孔子54岁开始周游列国，68岁时回到鲁国，深深感到与其到处去宣讲自己的思想而不被接受，不如把这些东西整理编辑出来传给后人。《诗经》、《书经》、《仪礼》，孔子中年便开始整理，到晚年定稿。《乐经》、《易经》、《春秋》是孔子晚年整理编写的。修订“六经”，可以说是孔子一生中最伟大的工作。需要说明的是《乐经》于秦始皇焚书后失传，宋朝人又补充上《周礼》仍称为“六经”。

단어 풀이

应当 yīngdāng 응당

仔细 zǐxì 자세하다

研习 yánxí 연구하고 익히다, 공부하다

探求 tànqiú 탐구하다

典章 diǎnzhāng 법령, 제도, 규칙

专著 zhuānzhù 전문 저술서

根源 gēnyuán 근원

汇编 huìbiān (자료를) 수집하여 펴내다, 집대성하다, 총집

排除 páichú 배제하다, 제외하다

织布 zhībù 베를 짜다, 옷감을 만들다

纵丝 zòngsī 날실, 세로실

横丝 héngsī 씨실, 가로실

类似 lèisì 유사하다

引申 yǐnshēn 인신, 의미를 확장시키다, 새로운 의미가 파생되다

规范 guīfàn 규범화하다, 규범

权威 quánwēi 권위 있다, 권위

修订 xiūdìng (편집 후) 수정하고 (책으로) 펴내다

周游 zhōuyóu 두루 다니다, 주유하다

与其…不如… yǔqí…bùrú… ~하느니 차라리 ~하다

宣讲 xuānjiǎng (알릴 목적으로) 강연하다

失传 shīchuán 전승이 끊기다, 유실되다

 연습 문제

1 **아래 단어로 빈 칸을 채우시오.**

Ⓐ 鼓励 Ⓑ 诚实 Ⓒ 怀疑

(1) 现代社会竞争越来越激烈，而人与人之间的信任却越来越少，因此（ ）就成为了更加可贵的品质。

(2) 在追求理想的道路上，我总能得到来自家人和朋友的（　　　），这使我充满了前进的勇气和动力。

(3) 敢于大胆（　　　）有助于打破迷信、解放思想。

2 빈칸에 알맞은 단어를 쓰시오.

(1) 孩子的成长（　　　）大人的鼓励，坏的行为我们要批评，好的行为我们要（　　　），良好习惯的（　　　）需要长期的坚持。

(2) 纵丝(　　　)织物有类似规定限制的作用，(　　　)经就引申为规范、原则的意义。规范原则代表权威，所以经书就(　　　)权威的书。

(3) 在市场竞争日益（　　　）的今天，任何企业及产品也不可能（　　　）并满足所有的需求和市场，因此，家电企业已经开始将（　　　）瞄准特定的需求和消费群体。

3 아래 문장이 맞으면 ✔표, 틀리면 ✗표 하시오.

(1) 《诗经》原本叫《诗》，共有诗歌305首，因此又称《诗三百》。汉朝毛亨、毛苌曾注释《诗经》，因此又称《毛诗》。（　　）

(2) 《诗经》分为风、雅、颂三部分。 其中“风”是地方民歌，“雅”是宗庙乐歌，“颂”是朝廷乐歌。（　　）

(3) 中国儒家学派创始人孔子晚年整理的《诗》、《书》、《礼》、《易》、《乐》、《春秋》，后人称之为"六经"。其中《乐经》已失传，所以通常称"五经"。（ ）

4 순서에 맞게 배열하시오.

(1) 很快地 了 自己 小马 妈妈 每匹 找到 的

____

(2) 勇敢 要 我们 保卫 自己的 生命 地 和平 用

____

(3) 一束 向 献上 爸爸 的 最美 鲜花 我要

____

三字经

원문 해석

诗书易，礼春秋。号六经，当讲求。

《시》, 《서》, 《역》, 《의례》, 《주례》, 《춘추》를 육경이라 칭한다. 마땅히 공부하고 (그 속의 뜻을) 구해야 한다.

有连山，有归藏。有周易，三易详。

Yǒu lián shān, yǒu guī cáng.
Yǒu zhōu yì, sān yì xiáng.

원문 해설

《易经》是六经中最早的一部。夏朝时的易经叫连山，商朝时的易经叫归藏，周朝时的易经叫周易。“连山”和“归藏”已经失传，后人谈到“易经”就仅指周易了。“易”字的本意是指蜥蜴，蜥蜴会变色，所以易就是变化的意思。《易经》就是研究变化的一部经典，变化之中又有简易、变易、不易三个原则。简易，宇宙是最简单的，万物都可以用阴阳来推断；变易，宇宙时时刻刻在变化之中永不停止；不易，运动变化的规律却又是永恒的不变的。这就是“三易”的含义了，将“三易”的精神领会了，《易经》也就能把握了。

《易经》的根本精神就是教人认识天道（宇宙万物的变化运行规律），并用天道来认识和指导人道。但是空谈天道，又恐怕难以引起人们的兴趣，所以圣人借占卦的形式来吸引人们的眼球，因为人人都非常渴望了解未来是什么样子的。《易经》以其丰富的内容、深邃的思想、博大的智慧，在汉代就被尊为群经之首，对中国文化影响至深，其中所构建的天人合一的宇宙观更是中国一切学问的基础。

단어 풀이

连山 liánshān 연산, 역경의 별칭

归藏 guīcáng 귀장, 역경의 별칭

蜥蜴 xīyì 장지뱀(도마뱀)

推断 tuīduàn 미루어 판단하다, 추단하다

永恒 yǒnghéng 오랫동안 그러하다, 변하지 않다, 영원하다

领会 lǐnghuì 깨닫다, 이해하다

把握 bǎwò 확실하게 알다, (속으로) 자신하다

难以 nányǐ ~하기 어렵다

占卦 zhānguà 괘로 점치다

渴望 kěwàng 염원하다, 갈망하다

深邃 shēnsuì 심오하다

构建 gòujiàn 세우다, 구성하다, 구축하다

연습 문제

1 아래 단어로 빈 칸을 채우시오.

Ⓐ 领会 Ⓑ 把握 Ⓒ 推断

(1) 生命需要自己去承担，命运更需要自己去（ ）。

(2) 我们可以从上下文中（ ）这个词的含义。

(3) 上世纪80年代，苹果在台式电脑上输给了微软，因为它没有( )开放的真正价值。

2 빈칸에 알맞은 단어를 쓰시오.

(1) "易"就是（ ）的意思，《易经》就是研究变化的一部经典，变化之中又有（ ）、（ ）、（ ）三个原则。

(2) 《周易》也叫（ ），是中国古代儒家学派的经典著作之一。它以（ ）为基础演化为64卦，384爻。

(3) 人为什么会( )梦，梦有什么意义，人类思考了近千年也还没有( )到答案。但是人们相信一些常见的梦包含( )特别的意义。

3 아래 문장이 맞으면 ✔표, 틀리면 ✗표 하시오.

(1) 因为《易》最终成书于周朝，所以定名为《周易》。 (　　)

(2) 儒家非常注重对管理规律的认识和把握，提出“道法自然”，即管理必须遵循客观规律，一切要顺应自然才能取得良好的管理效果。 (　　)

(3) 按照周易的思想，五万的生长规律都不包含阴阳五行。 (　　)

4 순서에 맞게 배열하시오.

(1) 那个　准确　消息　你说的　吗

____

(2) 教练　不太　说 我的　标准　姿势

____

(3) 我　没　商量　来得及　跟他　还

____

三字经

원문 해석

有连山，有归藏。有周易，三易详。

연산, 귀장, 주역, 이 세 역이 (내용상) 상세하다.

有典谟，有训诰。
有誓命，书之奥。

Yǒu diǎn mó, yǒu xùn gào.
Yǒu shì mìng, shū zhī ào.

원문 해설

《书经》又名 《尚书》，是上古之书的意思，是虞、夏、商、周四朝政论文献的汇编，故依朝代划分为四个部分。典、谟、训、诰、誓、命，是 《书经》文献的六种体裁。“典”是帝王受命之书；“谟”是大臣为君王出谋献策的言辞；“训”是大臣劝勉君王修正不足的文辞；“诰”是君王对臣民发出的号令；“誓”是君王在出师打仗前告诫将士的言辞；“命”是国君向大臣下达的命令。这六类文献蕴含着古代圣王治理天下的方法和规律，这就是《书经》的奥妙之处。《书经》里面共收录了六大类、五十八篇文章，类似今天的官方文件文体样本汇编，供各类学生学习掌握，以备将来做官之后懂得如何起草公文。

단어 풀이

体裁 tǐcái 체재, 장르, 표현양식

出谋献策 chūmóu-xiàncè (문제해결의) 방법과 계책을 내놓다

劝勉 quànmiǎn 권해서 하게 하다, 권고하다

号令 hàolìng 명령

出师 chūshī 출사하다

打仗 dǎzhàng 전쟁하다

告诫 gàojiè 훈계하다

蕴含 yùnhán (내용, 의미 등을) 포함하다, 간직하다

奥妙 àomiào 오묘하다, 매우 심오하다

掌握 zhǎngwò 장악하다, 터득하다

起草 qǐcǎo (글의) 초안을 작성하다, 기안하다

연습 문제

1 **아래 단어로 빈 칸을 채우시오.**

Ⓐ 方便　　Ⓑ 合适　　Ⓒ 复杂

(1) 新开的药店推出了义诊活动，使周围居民的看病就医变得更加（　　）。

(2) 北京的交通很（　　），我在这儿住了四年也没弄清楚东南西北。

(3) 这个方案我想了很久，却一直找不到（　　）的机会和他提出来。

2 **빈칸에 알맞은 단어를 쓰시오.**

(1)《书经》里面共(　　)了六大类、五十八篇文章，类似今天的官方文件文体样本汇编，供各类学生学习掌握，以备将来做官之后懂得如何(　　)公文。

(2) (　　)您能在旅游的时候再购买到一种具有收藏（　　）的旅游工艺品、纪念品的话，它将为您的旅游活动(　　)上完美的句号。

(3) 中国市场与媒体研究的一项调查结果(　　)，自行车用于运动和休闲项目深受城市居民喜欢，北京市(　　)49%，在12个被调查的城市(　　)位居第一。

3 아래 문장이 맞으면 ✔표, 틀리면 ✗표 하시오.

(1) 《尚书》是中国最古老的皇室文集，是中国第一部上古历史文件和部分追述古代事迹著作的汇编，它保存了商周特别是西周初期的一些重要史料。(　　)

(2) 《书》到汉代改称《尚书》，意为"公之于众的(古代)皇室文献"。(　　)

(3) 《尚书》为孟子编订，孟子晚年集中精力整理古代典籍，将上古时期的尧舜一直到春秋时期的秦穆公时期的各种重要文献资料汇集在一起，经过认真编选，挑选出100篇，汇成《尚书》。(　　)

4 순서에 맞게 배열하시오.

(1) 鼓掌　为　而　他的　大家　精彩表演　不约而同

____

(2) 几座　的　灯塔　微弱　闪烁　的　远处　着　光芒

____

(3) 轻轻地　校园　温暖的　吹进了　春风　我们的

____

원문 해석

有典谟，有训诰。有誓命，书之奥。

전, 모, 훈, 고, 서, 명은 《서경》의 심오한 내용이다.

我周公，作周礼。
著六官，存治体。

Wŏ zhōu gōng, zuò zhōu lĭ.
Zhù liù guān, cún zhì tĭ.

원문 해설

周公，姓姬名旦，是周文王的四子，周武王的亲弟弟。武王讨伐商纣建立周朝以后病逝，13岁的成王即位。小孩子怎么治理国家呢？只好由叔叔周公协助理政。周公不但理政治国，还整理了周以前的文化，建立了法规制度，确定了国家体制，开创了周朝八百年的基业。

《周礼》一书分为“天、地、春、夏、秋、冬”六章，设计了六部官制的政府机构，每一官制下再设不同的官职，每一官职都规定了具体的职务条例。这样就奠定了中国的政治体制和行政体系，而六部制的行政体系一直沿用至今。“六官”分别为：天官，称作冢宰，为六官之首，主管朝廷及宫中事务，相当于后世的宰相；地官，称作司徒，主管土地户口农业财政等，相当于户部；春官，称作宗伯也就是礼官，主管祭祀外交礼仪等，相当于礼部；夏官，称作司马，主管军队，相当于兵部；秋官，称作司寇，主管司法刑律等，相当于刑部；冬官，称作司空，主管百工及土木建筑，相当于工部。以上六官又称六卿。直到今天政府的组织管理体制仍然没有太大的变动，"著六官，存治体"所言不虚。

단어 풀이

讨伐 tǎofá 토벌하다, 치다

协助 xiézhù 협조하다

开创 kāichuàng 세우다, 창건하다, 일으키다

基业 jīyè 기반, 일의 기초

设计 shèjì 창안하다, 설계하다, 계획하다

奠定 diàndìng (기초를) 다지다

沿用 yányòng 계속해서 사용하다

主管 zhǔguǎn 주관하다, 맡다

相当 xiāngdāng 상당하다, 버금가다

礼仪 lǐyí 예의, 의전

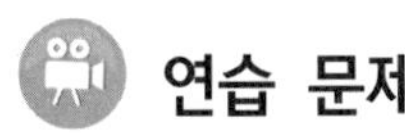

연습 문제

1 아래 단어로 빈 칸을 채우시오.

Ⓐ 制度　　Ⓑ 体制　　Ⓒ 体系

(1) 智慧不是别的，而是一种组织得很好的知识（　　）。

(2) 我已经说过规章（　　）不是我订的。

(3) 几乎在任何其他地方这种管理（　　）都会导致停滞。

2 빈칸에 알맞은 단어를 쓰시오.

(1) 这样就(　　)了中国的政治体制和行政体系，而六部制的行政体系一直(　　)至今。

(2) 甲骨文大约产生于（　　）之际，是目前发现的中国最（　　）的文字，它记录了公元前3000多年以前中国人的活动。

(3) 周公不但理政治国，还整理了周以前的文化，(　　)了法规制度，(　　)了国家体制，(　　)了周朝八百年的基业。

3 아래 문장이 맞으면 ✔표, 틀리면 ✗표 하시오.

(1) 武王伐纣是商衰周兴的转折点。 (   )

(2)《周礼》今从其思想内容分析，则说明儒家思想发展到战国后期，融合道、法、阴阳等家思想，春秋孔子时对其发生了极大变化。 (   )

(3)《周礼》是一部通过仁爱来表达治国方案的著作，内容极为丰富。 (   )

4 순서에 맞게 배열하시오.

(1) 实际情况　得多　肯定要　比这　复杂

____

(2) 这个　可靠　结论　呢　是否

____

(3) 是　一门　情绪　学问　控制　自己的

____

三字经

원문 해석

我周公，作周礼。著六官，存治体。

주공이《주례》를 지었다. 여섯 관직을 두고 다스림의 체재를 마련했다.

제 12 과

大小戴，注礼记。
述圣言，礼乐备。

Dà xiǎo dài, zhù lǐ jì.
Shù shèng yán, lǐ yuè bèi.

원문 해설

儒家关于礼仪的典籍有三部，即周公所作《周礼》、孔子所编《仪礼》、大小戴编注的《礼记》。《礼记》是一部资料汇编性质的书，记录了秦汉以前各大圣贤的思想和言论，特别是孔子关于礼仪规范方面的言论。其书内容丰富，涉及政治、经济、哲学、教育、社会，乃至医药卫生等诸多方面。“四书”中的《中庸》与《大学》就是《礼记》中的两篇文章。因为是孔子的弟子与一些汉代学者为礼仪而记，故称为《礼记》。整理和注释《礼记》的是西汉学者戴德（大戴）和戴圣（小戴）叔侄二人。后人又加入《乐记》一篇，才成为礼乐具备。

《礼记》所讲的礼仪甚多，概括起来有五大类，即祭礼、凶礼、宾礼、军礼、嘉礼。祭礼就是祭祀之礼，古人认为祭祀是国家大事，故列为五礼之首。古时祭祀的对象包括祖先、天地、日月、风雨、社稷、山川等。凶礼是丧葬之礼，包括对死于各种天灾战乱的人的哀悼。宾礼就是朝拜觐见之礼，如天子接见，诸侯互访会盟等。军礼是与军事相关之礼，如出师、报捷、凯旋、检阅、演练等。嘉礼指标志成人的冠礼、男娶女嫁的婚礼、饮酒宴席的礼节等。《礼记》中的礼仪有很多已经被我们世世代代沿袭下来，当作风俗习惯而成为共同遵守的仪式。

단어 풀이

编注 biānzhù 펴내고 주석을 달다

丰富 fēngfù 풍부하다

涉及 shèjí 미치다, 관련되다

叔侄 shūzhí 숙질, 숙부와 조카

概括 gàikuò 개괄하다

社稷 shèjì 사직

天灾 tiānzāi 천재

战乱 zhànluàn 전란

哀悼 āidào 애도하다

朝拜 cháobài 배알하다

觐见 jìnjiàn 알현하다

会盟 huìméng 모여 동맹을 맺다, 회맹

报捷 bàojié 승리를 알리다

凯旋 kǎixuán 승리 후 돌아오다, 개선하다

检阅 jiǎnyuè 사열하다

演练 yǎnliàn 훈련하다

标志 biāozhì 상징

沿袭 yánxí 답습하다

遵守 zūnshǒu 준수하다

고유 명사

戴德 Dàidé 대덕, 자 연군(延君), 한대 예학자

戴圣 Dàishèng 대성, 자 차군(次君), 한대 금문경학의 창시자

연습 문제

1 **아래 단어로 빈 칸을 채우시오.**

Ⓐ 反对　　　Ⓑ 故意　　　Ⓒ 获得

(1) 丽丽参加中文作文比赛（　　）了一等奖，我们都为她感到高兴。

(2) 我想要环游世界的愿望得到了全家人的（　　），大家都觉得这是一件非常危险的事情。

(3) 他不是（　　）要吓你的，你不要怪他。

2 빈칸에 알맞은 단어를 쓰시오.

(1)（　　）、（　　）和《礼记》，即通常所说的"三礼"。

(2)《礼记》中的礼仪有很多已经(　　)我们世世代代沿袭下来，当作风俗习惯而(　　)共同遵守的仪式。

(3) 鲁迅先生算是把中国人的"爱面子"看(　　)了，他说面子是某些中国人的精神纲领，只要抓(　　)这个就像牵住了辫子一样，全身都跟着走(　　)了。

3 아래 문장이 맞으면 ✔표, 틀리면 ✗표 하시오.

(1)《礼记》是研究中国古代社会情况、典章制度和儒家思想的重要著作。其中《大学》、《中庸》、《礼运》还与《论语》并成为"四书"。（　　）

(2)《礼记》与 《仪礼》《周礼》合称"三礼"，对中国文化产生过深远的影响，各个

时代的人都从中寻找思想资源。 ( )

(3) 汉代把孔子定的典籍称为“经”，弟子对“经”的解说是“传”或“记”，《礼记》因此得名，即对“礼”的解释。 ( )

4 순서에 맞게 배열하시오.

(1) 赞赏地 十分 望着 年轻人 叔叔 这位

____

(2) 教诲 深刻的 我 母亲的 对 有了 体会

____

(3) 救灾 不断 各种 物资 地 灾区 运往

____

三字经

원문 해석

大小戴，注礼记。述圣言，礼乐备。

대대, 소대가 예기에 주석을 달았다. 성현의 말씀을 기술하고 예, 악을 갖췄다.

제13과

曰国风，曰雅颂。
号四诗，当讽咏。

Yuē guó fēng, yuē yǎ sòng.
Hào sì shī, dāng fěng yǒng.

원문 해설

《诗经》是中国古代第一部诗歌总集，共305篇，又称诗三百。文献记载上古有诗三千余首，经孔子整理收录了周初至春秋中期的311首诗歌，秦始皇焚书以后有6篇再也找不到了。今天见到的只有305篇。

《诗经》分为"风雅颂"三类。"风"是各诸侯国的民歌，所以又称"国风"，如卫风、齐风、郑风等。"雅"是正乐之歌，包括觐见天子的大雅，以及诸侯宴请天子的小雅。“颂”是宗庙祭祀用的乐章，如周颂、鲁颂、商颂。国风、大雅、小雅和颂，称为四诗，其中最有价值的是“国风”。

周朝地域辽阔，交通不便，周天子要了解各地的风土人情吏治情况，最直接的方法就是从各地的民歌民谣中了解。因此，周朝命诸侯国派专人采集本国的民歌民谣，定期上报天子，称为“采诗”或“采风”。国风来自于民间，诗歌内容丰富多彩，有劳者之歌、行役之怨、情诗恋歌、国家兴亡、男女婚姻等，从不同的角度反映了当时的人民生活、风俗习惯和社会状况。

《诗经》中的诗歌以四言为主，普遍运用“赋比兴”的表现手法。赋，是直接描写事物、叙述情节、抒发感情；比，是用比喻的方法来抒情状物，用浅显常见的事物来描写抽象的思想感情；兴，是先说其他事物，来引起所歌咏的对象。《诗经》里有不少篇章描写生动有趣，语言朴素优美，音节自然和谐，富有艺术感染力。《诗经》对后世的文学发展影响深远。

단어 풀이

总集 zǒngjí 총집

焚书 fénshū (분서갱유) 분서

宗庙 zōngmiào (종묘사직) 종묘

辽阔 liáokuò (영토가) 넓다

吏治 lìzhì 관리의 품행과 치적

民谣 mínyáo 민요

采集 cǎijí 채집

丰富多彩 fēngfù-duōcǎi 풍부하고 다채롭다

行役 xíngyì (군대) 복역하다, (공무로 일정기간) 타지 근무하다

兴亡 xīngwáng 흥하고 망하다, 흥망

运用 yùnyòng 운용하다

描写 miáoxiě 묘사하다

叙述 xùshù 서술하다

抒发 shūfā 나타내다, 토로하다

抒情 shūqíng 정감을 나타내다

状物 zhuàngwù 사물을 묘사하다, 그려내다

抽象 chōuxiàng 추상적이다

歌咏 gēyǒng 노래하다, 읊다

朴素 pǔsù 소박하다, 검소하다

优美 yōuměi 아름답다

深远 shēnyuǎn 깊고 크다, 심원하다

연습 문제

1 **아래 단어로 빈 칸을 채우시오.**

Ⓐ 收录　　Ⓑ 和谐　　Ⓒ 价值

(1) 每个人都希望有一个气氛（　　）的家。

(2) 它还衍生出一本书，书中（　　）了一些孩子所写的怀旧文章。

(3) 设计原则指导行为，其核心基于一系列（　　）理念。

2 빈칸에 알맞은 단어를 쓰시오.

(1)《诗经》分为"风雅颂"三类。"风"是（　　），"雅"是（　　），"颂"是（　　）。

(2) 周朝地域(　　)，交通不便，周天子要了解各地的风土(　　)吏治情况，(　　)直接的方法就是从各地的民歌民谣中了解。

(3) 在高速行驶的火车上，有一位老人不小心把刚买的新鞋从窗口掉(　　)去一只，周围的人都觉得很可惜没想到老人把另一只鞋也从窗口扔了(　　)去。他的行为(　　)周围的人感到很吃惊。

3 아래 문장이 맞으면 ✔표, 틀리면 ✗표 하시오.

(1)《诗经》是产生于中国奴隶社会末期的一部诗集，反映了西周初期到春秋中叶约五百年间的社会面貌。（　　）

(2) 赋、比、兴的运用，既是《诗经》艺术特征的重要标志，也开启了中国古代诗歌创作的基本手法。（　　）

(3)《诗经》内容丰富，反映了劳动与爱情、战争与徭役、压迫与反抗、风俗与婚姻、祭祖与宴会，甚至天象、地貌、动物、植物等方方面面。 (   )

4 **순서에 맞게 배열하시오.**

(1) 眼泪 委屈的 她 流下了

____

(2) 起来的 一点一点 知识 是 积累

____

(3) 订 去北京的 一张 我想 往返机票

____

三字经

원문 해석

曰国风，曰雅颂。号四诗，当讽咏。

국풍, 대아, 소아, 송을 사시라 한다. 마땅히 외우고 읊어야 한다.

제 14 과

诗既亡，春秋作。
寓褒贬，别善恶。

Shī jì wáng, chūn qiū zuò.
Yù bāo biǎn, bié shàn è.

원문 해설

东周时期君弱臣强，五霸七雄各据一方，周王室名存实亡。那时各国不再采诗而国风亡，诸侯不觐见天子而大雅亡，天子不享受诸侯宴请而小雅亡，宗庙祭祀不再继续而颂亡。诗的精神丧失了，诗的征集断绝了；找不到诗了，也听不到天子的消息了。孔子看到这种混乱局面非常痛心。他为天子的政令不行而伤心，他为诸侯的恣意妄为而痛苦。晚年回到鲁国以后，根据鲁国的史料编写了一部史书《春秋》。孔子一生，政治主张不能实现，只能将自己的政治理想寄托在《春秋》中，对当时的政治及各种人物进行褒贬，来扬善抑恶，拨乱反正。

《春秋》所记，上起鲁隐公元年，下至鲁哀公十四年，共记录隐、桓、庄、闵、僖、文、宣、成、襄、昭、定、哀十二公242年的事。《春秋》记载以鲁国为首兼及其他诸侯国的重大事件，按时间先后编排，是中国第一部编年体史书。

《春秋》一书用字极少，寥寥几字便把历史的结论表达出来，被后人称作"春秋笔法"。如天子去世叫崩，诸侯去世叫薨，杀君杀父叫弑，杀掉乱臣贼子叫诛，有道伐无道叫讨，偃旗息鼓地偷袭叫侵等等。孟子说，孔子成《春秋》而乱臣贼子惧。当时的国君、大夫得《春秋》一字褒扬者，荣誉胜过天子的嘉奖；得《春秋》一字贬抑者，耻辱超过天子的刑罚。

鲁哀公十四年，孔子时年70岁，正在编写《春秋》，有人在西门外打猎捕获了一只怪兽，因不识何物，送来给孔子看。孔子看了，流着泪叹息说：这是麒麟啊！麟啊，你到这乱世来做什么！孔子认为捕杀麒麟是不祥之兆，恢复周礼已经无望；于是再也写不下去了，《春秋》至"西狩获麟"停笔。两年后孔子病逝。

단어 풀이

五霸七雄 Wǔbà-qīxióng (춘추) 오패 (전국) 칠웅

诸侯 zhūhóu 제후

宴请 yànqǐng 연회를 베풀어 대접하다

征集 zhēngjí 모으다, 모집하다

断绝 duànjué 단절되다

痛心 tòngxīn 마음 아파하다

政令 zhènglìng 정령

恣意妄为 zìyì-wàngwéi 경거망동하다, 제멋대로 행동하다

编写 biānxiě 저술하다, 펴내다

寄托 jìtuō 기탁하다

褒贬 bāobiǎn 옳고 그름을 평가하다

抑恶扬善 yì'è-yángshàn 악은 누르고 선은 드높이다

拨乱反正 bōluàn-fǎnzhèng 혼란을 다스리고 옳게 되돌리다, 세상을 바로잡다

兼及 jiānjí 동시에 관련되다

编排 biānpái (순서대로) 배열하다, 나열하다

寥寥 liáoliáo 매주 적다

偃旗息鼓 yǎnqí-xīgǔ 깃발을 누이고 북소리를 멈추다, 휴전하다

褒扬 bāoyáng 칭찬하고 드높이다 **(≠贬抑)**

荣誉 róngyù 영예

嘉奖 jiājiǎng 표창하고 장려하다, 표창

贬抑 biǎnyì 폄하하고 억누르다 **(≠褒扬)**

耻辱 chǐrǔ 치욕

刑罚 xíngfá 형벌

打猎 dǎliè 사냥하다

捕获 bǔhuò 포획하다, 잡다

怪兽 guàishòu 괴수

叹息 tànxī 탄식하다

麒麟 qílín 기린

捕杀 bǔshā 잡아 죽이다

고유 명사

鲁隐公 Lǔyǐngōng 노나라 군주, 노은공

鲁哀公 Lǔ'āigōng 노나라 군주, 노애공

연습 문제

1 **아래 단어로 빈 칸을 채우시오.**

Ⓐ 表达　　Ⓑ 反映　　Ⓒ 告诉

(1) 这件事儿是别人的私事，我不能（　　）你。

(2) 人民在生活上遇到任何困难，碰到任何不公正的对待都可以到政府，向领导（　　）。

(3) 在现代社会，我们一定要学会（　　），善于表现自己才能得到更多机会。

2 빈칸에 알맞은 단어를 쓰시오.

(1) 《春秋》记载以鲁国为首(　　　)其他诸侯国的重大事件，(　　　)时间先后编排，是中国第一(　　　)编年体史书。

(2) 从家庭走(　　　)社会，是妇女独立解放和经济、社会地位提高的表现。然而，近年来放弃工作、走(　　　)家庭的妇女却(　　　)增加。这作为一种社会现象，不能不引起人们的注意和思考。

(3) 我的家庭很民主，每个家庭成员不论(　　　)大小，谁说的对就听(　　　)的。一次，我拿着字典纠正了妈妈的错别字。妈妈立刻说："你这个妈妈还是作家呢，写(　　　)字(　　　)竟这么马虎，真惭愧！"

3 아래 문장이 맞으면 ✔표, 틀리면 ✗표 하시오.

(1) 《春秋》是鲁国的编年史，书中用于记事的语言极为简练，然而几乎每个句子都暗含褒贬之意，被后人称为"春秋笔法"。 (　　)

(2) 《春秋》三传分别为《左传》、《公羊传》、《邹氏传》。 (　　)

(3) 《春秋》是中国第一部纪传体史书。 (　　)

4 순서에 맞게 배열하시오.

(1) 乐趣　给我　童年　无穷的　老槐树　幸福的　带来了

____

(2) 明朝　伟大的　药物学家　李时珍 和　医学家　是

____

(3) 靠　收藏　松鼠　秋天　树洞里　在　的　过日子　松子

____

원문 해석

诗既亡，春秋作。寓褒贬，别善恶。

《시》가 사라지자 《춘추》를 지었다. (한 글자로) 칭찬, 폄훼하고, 선, 악을 구별했다.

제 15 과

三传者，有公羊，
有左氏，有谷梁。

Sān chuán zhě, yǒu gōng yáng,
Yǒu zuǒ shì, yǒu gǔ liáng.

원문 해설

《春秋》文字太简洁，242年的历史只用了一万八千字，如果不了解史实很难读懂，于是后人就来作传解释 《春秋》，其中最著名的就是“三传”，也就是齐国人公羊高的《公羊传》、鲁国人谷梁赤的《谷梁传》和左丘明的《左传》。

左丘明是鲁国的史官，与孔子是半师半友的关系。孔子没有来得及为《春秋》作注释就去世了，弟子中以子夏的聪明才智也不能接替这一工作，于是左丘明就主动来为《春秋》作传。他本来就是史官，又与孔子有师生之谊，所以他做这一工作再合适不过了。那时，左丘明已经双目失明，《左传》是由他口述，经弟子们记录成书的。《左传》全书侧重于用史实配合孔子的经文，文笔简明生动，叙事写人夹叙夹议，精彩之笔随处可见，描写战争尤其出色，对后世的影响很大。

《左传》之后百余年，才出现公羊、谷梁二传。三传各成一家，对《春秋》的解释方法完全不一样。三传中《左传》的文学成就最高，《古文观止》收录文章最多的一部书就是《左传》，共收了其中三十四篇文章。

단어 풀이

简洁 jiǎnjié (말, 행동) 간결하다, 군더더기 없다, 간단명료하다

史实 shǐshí 역사적 사실

读懂 dúdǒng 읽어 이해하다

注释 zhùshì 주석하다

接替 jiētì (일, 업무를) 대신하다

合适 héshì 적합하다

侧重 cèzhòng 치중하다, 치우치다

配合 pèihé 조화를 이루다, 맞추다

夹叙夹议 jiāxù-jiāyì (글쓰기) 서술과 동시에 평론하다

精彩 jīngcǎi 훌륭하다, 뛰어나다

成就 chéngjiù 성취, 성과

고유 명사

公羊高 Gōngyánggāo 공양고, 《춘추 · 공양전》의 저자

谷梁赤 Gŭliángchì 곡량적, 《춘추 · 곡량전》의 저자

左丘明 Zuŏqiūmíng 좌구명, 《춘추 · 좌전》의 저자

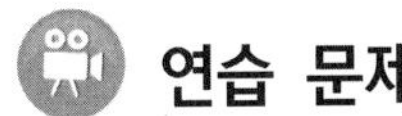

연습 문제

1 아래 단어로 빈 칸을 채우시오.

Ⓐ 解释　　Ⓑ 注释　　Ⓒ 配合

(1) 中医经典中的训诂，最早的是在（　　）《内经》中出现的。

(2) 他俩一问一答，（　　）密切。

(3) 这是一个很复杂的问题，你不需要做太多的（　　）。

2 빈칸에 알맞은 단어를 쓰시오.

(1) 用来解释《春秋》的著名"三传"是（　　）、（　　）、（　　）。

(2) 孔子没有(　　　)为《春秋》作注释就去世了，弟子中以子夏的聪明才智也不能(　　　)这一工作，于是左丘明就主动来为《春秋》作传，他本来就是史官，又与孔子有师生之谊，所以他做这一工作再合适(　　　)了。

(3) 煤和石油目前仍然是人类使用的最重要的（　　　），然而煤和石油的大量使用，也对地球环境(　　　)了严重的破坏。为了（　　　）我们的环境，寻找新的绿色能源已经成为我们面对的新问题。

3 아래 문장이 맞으면 ✔표, 틀리면 ✗표 하시오.

(1) 孔子周游列国以后，晚年所从事的主要工作是教学活动。（　　）

(2)《左传》是中国第一部叙事详细的编年史著作，相传是春秋末年鲁国史官左丘明根据鲁国国史《春秋》编成。（　　）

(3)《左传》有鲜明的政治与道德倾向。其观念较接近于道家，强调等级秩序与宗法伦理，重视长幼尊卑之别。（　　）

4 순서에 맞게 배열하시오.

(1) 秘密　属于　每个人　都有　自己的

____

(2) 请　要求　来做　严格　按照　说明书上的

____

(3) 把　女儿　忘在了　围巾　幼儿园

____

三字经

원문 해석

三传者，有公羊，有左氏，有谷梁。

(춘추에) 삼전이 있는데,《공양》,《좌씨》,《곡량》이다.

제16과

经既明，方读子。
撮其要，记其事。

Jīng jì míng, fāng dú zǐ.
Cuò qí yào, jì qí shì.

원문 해설

战国时代，由于社会剧烈动荡和变革，各学派的代表人物纷纷著书立说、阐述观点、议论政治，百家争鸣的局面由此形成。所谓“诸子百家”就是先秦至汉初各学术流派及其代表人物的总称。古时有人做过统计，诸子共189家，4324篇著作，分为儒、墨、道、名、法、阴阳、纵横、杂、农、小说等十大家。

一般人学习圣贤之道，先读《孝经》再读“四书”也就够了，深入学习则要研究“六经”。熟读经书，退可以修养自己的思想品德精神风采；进可以治国安邦兼善天下。诸子百家之书太繁杂了，选择主要的阅读掌握大概也就行了。

단어 풀이

剧烈 jùliè 극렬하다, 격렬하다

动荡 dòngdàng (정세, 상황) 불안정하다, 평온하지 못하다

变革 biàngé 변혁

纷纷 fēnfēn 분분하다, 연이어, 잇달아

著书立说 zhùshū-lìshuō 저술로 자신의 학설을 펼치다

阐述 chǎnshù (주제, 관점, 의견을) 논하다, 논술하다

议论 yìlùn 의논하다, 논의하다

流派 liúpài 유파

总称 zǒngchēng 총칭

风采 fēngcǎi 풍채

安邦 ānbāng 국가를 안정시키다

兼善天下 jiānshàn-tiānxià 천하 사람들을 이롭게 하다

繁杂 fánzá 번잡하다, 복잡하다

연습 문제

1 **아래 단어로 빈 칸을 채우시오.**

Ⓐ 突然　　Ⓑ 忽然　　Ⓒ 果然

(1) 事情发生得太（　　），他还没来得及做心理准备就要去面对可怕的现实。

(2) 我猜的没错，他（　　）是这个班成绩最好的一个。

(3) 夏天天气变化特别快，刚才还是晴天呢，（　　）就下起雨来了。

2 빈칸에 알맞은 단어를 쓰이오.

(1) 心理学家（　　），一个具有足够自尊的人总是更有自信、更有能力的。（　　），当人缺乏自尊时，就会感到悲观、失望，容易（　　）心理疾病。

(2) 古时有人做过(　　)，诸子(　　)189家，4324篇著作，(　　)儒、墨、道、名、法、阴阳、纵横、杂、农、小说等十大家。

(3) 现在有许多人经常不吃早餐，有的是多年（　　)的习惯，有的是早上没有时间。专家认为，不吃早餐（　　）营养，将使学习工作（　　）降低。长期下去，将对身体非常有害。

3 아래 문장이 맞으면 ✔표, 틀리면 ✗표 하시오.

(1) 儒家的代表人物为孔子、孟子、荀子，其主张以六艺为法，崇尚“礼乐”和“仁义”，提倡“忠恕”和不偏不倚的“中庸”之道。（　　）

(2) 兵家的创始人是孙膑，重点在于指导战争，在不得不运用武力达到目的时，怎么样去使用武力。 (　　)

(3) 墨家主张“兼爱”、“非攻”，其代表人物为墨翟。 (　　)

4 순서에 맞게 배열하시오.

(1) 更加　海南岛　美丽　更加　可爱的　必将　变得　富饶

____

(2) 产生了　足球比赛　兴趣　几场　极大的　以后　看了　哥哥　足球 对

____

(3) 童年　欢乐　给　无限的　我的　生活　带来了

____

三字经

원문 해석

经既明，方读子。撮其要，记其事。

경전에 이미 밝았다면 이제 자서를 읽는다. 그 요점을 취하고, 그 사적을 기억한다.

제 17 과

五子者，有荀杨，文中子，及老庄。

Wǔ zǐ zhě, yǒu xún yáng,
Wén zhōng zǐ, jí lǎo zhuāng.

원문 해설

既然子书要有选择地阅读，该如何选择又该阅读哪些作品呢？《三字经》给我们推荐了荀子、扬子、文中子、老子和庄子五位学者，其中荀子、扬子、文中子是儒家，老子、庄子是道家。

荀子，名况，字卿，又名孙卿，战国时期赵国人。晚年在楚国做官，死于楚国，活了60岁，著书32篇，总称《荀子》。荀子认为人性天生都是恶的，善都是后天学来的，因此他特别强调后天的学习和教育。荀子最著名的文章是专论学习重要性的《劝学》。荀子有两个有名的弟子都是法家的代表人物，一个是集法家理论之大成的韩非子，一个是帮助秦始皇法治天下的李斯。

扬子，名雄，字子云，西汉末年四川人，活了71岁。扬子早年以文学闻名，作有《甘泉赋》、《羽猎赋》、《长杨赋》、《河东赋》四文，内容都是规劝帝王不要奢华。中年以后致力于研究，仿照《周易》作了一部书叫《太玄》，仿照《论语》作了一部书叫《法言》。此外，他还创作了世界第一部研究方言的专著《方言》。

文中子，姓王，名通，字仲淹，隋朝山西人，只活了33岁。“文中子”是他死后弟子们私自给他追加的名号。王通被当时人称为王孔子，19岁就得到隋文帝的赏识，因上太平策十二篇未被采用，退而讲学，有弟子千人。辅佐唐太宗成就贞观之治的名臣魏征、房玄龄都是他的弟子。因此，王通虽享寿不长，但其影响却是巨大的；也因此被《三字经》破格推荐为五子之列。王通志在学孔子，依《春秋》体例将历史从“西狩获麟”续写至后魏，命名为《元经》。他的弟子又仿照《论语》，把他讲过的话整理成《中说》十篇。“中说”就是文中子说。

老子，姓李，名耳，字伯阳，号老聃，春秋时期楚国人。相传有一天函谷关的守关人尹喜在关楼上望气，看到有一团紫气东来，断定有圣人经过，便出门去迎候。果然，须发皆白的老子骑着青牛而来，应尹喜的请求留下了五千言的文章，名为《老子》（又称《道德经》）。不久的一天夜里，老子化作一团青气就不见了。《老子》一书用“道”来说明宇宙万物的演变，提出了“道生一，一生二，二生三，三生万物”的观点，其中“道”可以理解为客观的自然规律。老子的学说对中国的哲学发展有很大的影响。

庄子，姓庄，名周，字子休，活了83岁，是战国时期的宋国人。庄子继承和发展了老子“道法自然”的思想，最清晰地阐述、最准确地解说了道家的学说。他著有《庄子》三十三篇，其中内篇七篇，一般认定是庄子所著，外篇杂篇可能掺杂有他的弟子和后来道家的作品。《庄子》文章大气豪放，多采用寓言故事的形式来说明深刻的道理，想象丰富，语言幽默，充满智慧，是道家思想的最高结晶。

단어 풀이

子书 zǐshū 자서, 중국 고대 서적 분류법, 즉 경, 사, 자, 집 가운데 자부에 속하는 도서

推荐 tuījiàn 추천하다

专论 zhuānlùn 한 분야를 전문적으로 논하다

集大成 jídàchéng 집대성하다

规劝 guīquàn 권유하다, 정중히 타이르다

奢华 shēhuá 사치하다, 호화스럽다

仿照 fǎngzhào 본뜨다, 그대로 하다

私自 sīzì 사적으로, 임의대로

追加 zhuījiā 추가하다, 더하다

名号 mínghào 이름과 호, 명호

赏识 shǎngshí 높이 평가하다

采用 cǎiyòng 채택하다

辅佐 fǔzuǒ 보좌하다

成就 chéngjiù 이루다, 성취하다

破格 pògé 격식을 깨다, 파격적으로

紫气 zǐqì 자색 안개, 상서로운 기운

断定 duàndìng 단정하다

迎候 yínghòu 나가 마중하다, 영접하다

须发皆白 xūfà-jiēbái 수염과 머리카락이 모두 희다, 백발노인

青气 qīngqì 푸른 안개, 신선의 기운

演变 yǎnbiàn 변화 발전하다

清晰 qīngxī 또렷하다, 분명하다

准确 zhǔnquè 정확하다, 확실하다

解说 jiěshuō 해설하다, 풀이하다

掺杂 chānzá 섞다, 혼합하다

豪放 háofàng 호방하다, 솔직 담대하다

幽默 yōumò 유머러스하다

고유 명사

韩非子 Hánfēizǐ 한비자

李斯 Lǐsī 이사

魏征 Wèizhēng 위정

房玄龄 Fángxuánlíng 방현령

연습 문제

1 아래 단어로 빈 칸을 채우시오.

Ⓐ 推荐　　Ⓑ 赏识　　Ⓒ 断定

(1) 我为他写了一封（　　）信。

(2) 他们是如何（　　）哪一个更可靠的？

(3) 他怨世人不能（　　）他的才华。

2 빈칸에 알맞은 단어를 쓰시오.

(1) 荀子对各家都有所批评，唯独推崇（　　）的思想，认为是最好的治国理念。

(2) 果然，须发皆白的老子骑着青牛而来，应尹喜的(　　　)留下了五千言的文章，名为《老子》又称《(　　　)》。

(3) 庄子(　　　)和发展了老子"道法自然"的思想，并能最清晰地阐述最准确地解说(　　)的学说。

3 아래 문장이 맞으면 ✔표, 틀리면 ✗표 하시오.

(1) 扬雄是汉朝道家思想的继承和发展者。 (　　)

(2) 《老子》以“道”解释宇宙万物的演变，以为“道生一，一生二，二生三，三生万物”，“道”乃“夫莫之命（命令）而常自然”，因而“人法地，地法天，天法道，道法自然”。 (　　)

(3) 庄子是东周战国中期著名的思想家、哲学家和文学家。创立了华夏重要的哲学学派庄学，是继老子之后，战国时期道家学派的代表人物，是道家学派的主要代表人物之一。 (　　)

4 **순서에 맞게 배열하시오.**

(1) 他们　从事　行业　服装

____

(2) 令人　她　佩服　把握　对　角色　的

____

(3) 这个　一个　神话　电视剧　取材　于

____

원문 해석

五子者，有荀杨，文中子，及老庄。

오자란 순자, 양자, 문중자, 그리고 노자, 장자를 일컫는다.

제18과

经子通，读诸史。
考世系，知终始。

Jīng zǐ tōng, dú zhū shǐ.
Kǎo shì xì, zhī zhōng shǐ.

원문 해설

对于经书、子书大致读懂，就可以开始读各种史书了。世系，就是历代王朝传位的体系；终始，就是各朝代的开始与结束。史学内容广泛，政治、经济、军事、文化、学术、制度都包含在内，如果不是历史学家，要想全部掌握是不太可能的。所以首先要掌握历史发展的大概脉络，然后再根据需要做深入的学习和研究。

梁启超先生说过：中国各种学问中，史学最发达；世界各国的史学中，中国史学最发达。西方哲学家黑格尔也说过：中国历史作家层出不穷，延续不断，是任何民族也无法达到的。清朝编辑的 《四库全书》中史部共分了十五类，是经史子集中分类最多的。其中，“正史”是官方认定的国史，从 《史记》到 《新元史》，官方认定的国史共有26部。正史都是纪传体。所谓纪传体，就是以人物传记为主的史书体裁。“编年史”是按年代先后编写的史书，最著名的如 《资治通鉴》。“纪事本末史”是详细记录历史事件经过的史书。“别史”为官修的记载一朝或数朝政治大事的史书。“杂史”是私修的，常记一事始末或一时见闻，成为可供参考的史书。“诏令奏议”是帝王诏书和臣子奏折汇编。“传记”是记叙人物生平事迹年谱的书。“史抄”是节选各种史书的书。“载记”是记录偏安割据及农民起义的书。“时令”是记录季节气候与风俗民情的书。“地理”是记录历代地理与山川风俗的书。“职官”是记载历代官制的书。“政书”是记载历代典章制度的书。“目录”是记载历代书籍及金石书画碑帖的书。“史评”是汇集历史评论和史学理论的书。这15类中以正史、编年史、纪事本末为最重要。正史包罗各朝各方面的情况，详尽完备，而且以人物为纲，历代王侯将相及各领域有成就的人基本都有记录；编年史重在记录时间；纪事本末史重在记录事件。有此三史，历史人物、时间、事件都一清二楚。

中国史学起源非常早，史官修史可追溯到商周时期，周王室有大史、小史、内史、外史、御史五种史官。公元前841年就开始有编年史书记载，从此以后几乎每年都有记载。这是世界上最早最完整的历史纪年。汉朝是中国史学的成熟期，出现了“史家之绝唱”的纪传体通史 《史记》和“正史之楷模”的纪传体断代史 《汉书》。正史中除了《史记》是通史，其余都是断代史。魏晋南北朝是史学的繁荣时期，私家修史之风盛行，史学著作的总和是前代的四十倍。隋朝是史学的转折时期，隋文帝下令不准私家修史，并由政府成立史馆，组织人员大规模修史，从此正史由私修改为官修。唐朝史学成绩突出，唐初修了一大批史书，在二十六正史中占了三分之一。另外，这时候出现了集唐代以前史论大成的著作，中国第一部史论《史通》。中国第一部典章制度专著 《通典》也在这个时期出现，它记叙了从黄帝到唐天宝年间典章制度的沿革流变。宋朝重视修史，加上印刷术的发明，史学发展迅速，出现了《资治通鉴》、《通鉴纪事本末》等巨著。明清两朝私家修史之风盛行，野史、方志、传记不断涌现。清朝更是千年史学的总结时期，各种史学著作竞相问世。到清末，共保存历代史学著作六千余种，的确是浩如烟海，汗牛充栋。

中国民族之所以注重修史，是为了把历史当做借鉴，正是所谓"前事不忘，后事之师"。同时，了解国家民族的光辉历史、灿烂文化，民族自豪感也就油然而生，民族凝聚力也自然增强。这就是历史对于一个国家的重要意义。正因为历史如此重要，所以古人读书都是经学史学互为参照。

中国史学的精神就是司马迁总结的三句话："究天人之际，通古今之变，成一家之言。"一、中国古人认为人类社会的治与乱与自然界有着密切的关系：社会清明则风调雨顺、河清海晏；社会混乱则灾害不断、自然失序。若想自然和序，必须社会安宁。史学就需研究历史中自然现象和社会治乱的关系，为统治者提供借鉴。二、研究古往今来社会历史兴衰存亡的规律，对于治理国家和为人做事有着极大的参考价值。三、在高度专制的社会表达自己对于历史独特真实的评价。古代的史学家都认为，自己所著的书如果不能被当权者所容纳，就把它收藏起来等待后世的知音。这是因为，司马迁修 《史记》，对汉代政治多有批评，汉武帝下令，将他的书一把火烧了。幸好司马迁还留有副本，《史记》才得以保留下来。司马迁到死也没能看到他倾注一生心血的著作问世，直到他去世70多年，他的外孙杨恽才将《史记》献于天下。可见，中国民族的史书传袭至今，也是极其不易的。

단어 풀이

传位 chuánwèi 왕위를 물려주다

广泛 guǎngfàn 광범위하다

脉络 màiluò 맥락

层出不穷 céngchū-bùqióng 연이어 끊임없이 나타나다, 끝이 없다

延续不断 yánxù-búduàn 계속해서 이어지며 끊이지 않다

传记 zhuànjì 전기, 사람 일대기의 기록

体裁 tǐcái 체재, 장르

官修 guānxiū 관청에서 편찬한

记载 jìzǎi 기재하다, 기록하다

私修 sīxiū 개인이 편찬한

诏书 zhàoshū 왕이 신하나 백성에게 내리는 문서

奏折 zòuzhé 신하가 왕에게 올리는 상소문

记叙 jìxù 기술하다, 서술하다

节选 jiéxuǎn (전체 문장 혹은 저서에서 일부만) 추려내다, 발췌하다

偏安 piān'ān 왕이 통치력을 잃고 어쩔 수 없이 나앉아 살다

割据 gējù 할거하다

碑帖 bēitiè 비첩, 비문을 탁본해 엮은 책

包罗 bāoluó 망라하다, 포괄하다

详尽 xiángjìn 상세하다, 자세하다

王侯将相 wánghóujiàngxiàng 왕후장상(제왕, 제후, 장군, 재상)

追溯 zhuīsù (본질이나 근원을 찾아) 거슬러 올라가다

绝唱 juéchàng 시문 창작이 최고 수준에 오르다, 최고봉

楷模 kǎimó 본보기, 모범

总和 zǒnghé 합계, 총계, 총화

转折 zhuǎnzhé 방향을 바꾸다, 전환하다

涌现 yǒngxiàn 어느 한 시점에 대량으로 나타나다

竞相 jìngxiāng 경쟁적으로 ~하다

浩如烟海 hàorú-yānhǎi (문헌, 자료 등이) 매우 풍부하다, 많다

汗牛充栋 hànniú-chōngdòng 책을 옮길 때 소가 땀을 흘리고 쌓아놓으니 대들보까지 찬다, 장서량이 매우 많다

借鉴 jièjiàn 거울로 삼다, 본보기로 삼다, 교훈으로 삼다

油然而生 yóuránérshēng 자연스럽게 생겨나다

凝聚力 níngjùlì 응집력

风调雨顺 fēngtiáo-yǔshùn 바람과 비가 마침맞다, 날씨가 좋다

河清海晏 héqīng-hǎiyàn 황하 물이 맑고 바닷가 잔잔하다, 세상이 태평하다

容纳 róngnà 수용하다, 받아들이다

收藏 shōucáng 소장하다, 수집해 보관하다

等待 děngdài (기회를) 기다리다

知音 zhīyīn 백아(**伯牙**)와 종자기(**钟子期**)의 고산유수(**高山流水**)고사에서 유래된 말, 지기, 지음

幸好 xìnghǎo 다행히, 운 좋게

副本 fùběn (보관 목적의, 원본과 같은) 복사본, 부본

倾注 qīngzhù (정신, 역량을) 한곳에 쏟아 붓다, 집중하다, 매진하다

传袭 chuánxí 전하고 계승하다

고유 명사

梁启超 Liángqǐchāo 양계초

黑格尔 Hēigé'ěr 헤겔

연습 문제

1 **아래 단어로 빈 칸을 채우시오.**

Ⓐ 感谢　　Ⓑ 满意　　Ⓒ 尊重

(1) 人与自然需要互相（　　）才能做到和谐相处。

(2) 能够取得今天的成绩，我一定要（　　）我的父母亲，是他们给了我最大的信任与支持。

(3) 我今天特意为你们安排了具有中国特色的菜肴，希望你们能够（　　）。

2 빈칸에 알맞은 단어를 쓰시오.

(1) 中国史学起源非常(　　), 史官修史可(　　)到商周时期, 周王室有大史、小史、内史、外史、御史五种史官。公元前841年就开始有编年史书记载, 从此以后(　　)每年都有记载。

(2) 司马迁修《史记》, 对汉代政治多有批评, 汉武帝下令, 将他的书一(　　)火烧了。幸好司马迁还(　　)有副本,《史记》才(　　)保留下来。

(3) (　　)孩子的学习能力, 一定要培养孩子对世界的好奇心, 让他善于观察生活, 亲身 (　　) 生活中的事情, 对周围环境产生 (　　), 让兴趣成为孩子的老师。

3 아래 문장이 맞으면 ✔표, 틀리면 ✗표 하시오.

(1) 我国史书种类很多, 大致可分为正史、别史、杂史、野史、稗史等。 (　　)

(2) 纪传体史书创始于西汉司马迁的《史记》, 它以人物传记为中心, 历代修正史都以此为典范。《资治通鉴》就属于纪传体史书。 (　　)

(3) 国别体史书创始于《国语》。国别体史书是一部分国记事的历史散文。分载多国历史。如《战国策》都属于这一类。 (　　)

4 순서에 맞게 배열하시오.

(1) 中国人　举办　梦想　的　百年　奥运会　是

____

(2) 清朝　总结时期　更是　史学的　千年

____

(3) 老师　同学们　让　上　轮流　讲台　讲故事

____

三字经

원문 해석

经子通，读诸史。考世系，知终始。

경서, 자서를 통달한 다음 여러 사서를 읽는다. (왕조의) 계보를 잘 살핌으로써 끝과 시작을 안다.

제 19 과

自牺农，至黄帝，
号三皇，居上世。

Zì xī nóng, zhì huáng dì,
Hào sān huáng, jū shàng shì.

원문 해설

从这里开始便逐一讲解历代帝王及朝代的更替流变。在古代，皇是指最初统治天下的人，帝是指靠仁德统治天下的人，王是能通晓天、地、人三重道理并使天下人团结一致的人。伏牺、炎帝、黄帝是中国民族最早的领袖，故称三皇；尧、舜是道德崇高的领袖，故称二帝；夏禹、商汤、周文王、周武王是通晓天地人并使天下一心归向的领袖，故称三代之王。

伏牺，距今八千多年，相传是中国最早的帝王。伏牺二字，伏由一个人字、一个犬字构成，人在前，犬在后，表示人驯伏了狗；牺指作祭品用的牲畜，说明人已开始养殖牲畜。伏牺（也写作伏羲）姓风，号太昊，又称伏牺氏，在位115年。

相传伏牺是人首蛇身。这是为什么呢？各民族早先都有自己崇拜的图腾。原始民族认为自己是从某一种动物变化来的，于是对这种动物顶礼膜拜。伏牺人首蛇身的形象就是中国先民崇拜蛇的反映。他们认为人类是从蛇变化来的，因此传说中伏牺的身上还有蛇的痕迹。

伏牺时代是游牧时代，是伏牺教会了百姓捕鱼打猎。伏牺以前，先民多群婚，伏牺教百姓嫁娶，这就是婚姻制度的发端。伏牺最大的功绩是画八卦，创立了中国独特的符号系统。伏牺画卦，标志着中国民族开始进入文明时代。

神农，距今六千余年，姓姜，号炎帝，又称神农氏，在位140年。所谓"神农"，是说炎帝教会百姓耕种庄稼，辨认五谷。这说明在炎帝时，中国民族已从游牧时代进入农耕时代。炎帝还有一项重要的贡献就是尝百草，发现了中草药。汉朝有一本有名的药书《神农本草经》，就是托名神农氏创作的。《神农本草经》共载有365味药，是中国最早的药书，也是学中医必读的书。陕西宝鸡、湖南株洲至今都有炎帝的陵墓。

黄帝，距今四千余年，姓公孙，名轩辕，号黄帝，因此称作轩辕黄帝，又称有熊氏，在位100年。黄帝是中国民族最早有文字记载的帝王。《史记》第一篇《五帝本纪》第一位帝王就是黄帝。黄帝时代，中国文化的雏形基本形成，出现了中国民族最重要的象征"龙"的形象。前面讲了中国先民崇拜蛇，蛇就是龙的前身。华夏族在和其他民族交战的过程中逐渐将这些民族兼并，吸收他们的图腾元素加到蛇身上。有些民族崇拜鹿，有些民族崇拜马，有些民族崇拜牛，有些民族崇拜鱼，有些民族崇拜鹰……于是蛇身上渐渐长出鹿的角、马的毛、牛的尾、鱼的鳞、鹰的爪。到黄帝时就“飞龙在天”了。龙的出现标志着中国民族的正式形成，所以中国人自称龙的传人。蛇变成龙的过程，也就是华夏民族不断壮大的过程。

黄帝时代最伟大的创造是文字的发明。黄帝手下的大臣仓颉，长了四眉四目，他仰观天文，俯察地理，又善于观察鸟兽草木的形状，在此基础上创造出最早的象形文字。韩非子说：仓颉造字，夜有鬼哭。意思是有了文字，妖魔鬼怪的恶行都会被记录下来，鬼怪害怕，因此在晚上哭。文字的出现开启了中国文化日后辉煌灿烂的历程。

黄帝时代的第二大发明便是衣裳。黄帝的妻子是蜀山氏的女儿。黄帝为什么要娶一个来自偏远之地西蜀的女子呢？原来蜀国是全中国最早开始养蚕的地方。蜀字就像一条虫，上面是虫的眼睛，一弯是虫的身子，里面是个虫子，这条虫就是蚕。蚕丝能用来织丝绸。黄帝娶她，就是要将西蜀的养蚕丝织业带到中原。从此，中国的祖先就穿上了衣服。丝绸穿在身上，犹如人身上有了花纹一般，华夏族的“华”就是指民族的服装美丽。《左传》里讲，有衣冠之美就可以叫做华。在远古时代，穿不穿衣服是野蛮与文明的分水岭，衣裳与文字一样也是文明的象征。

黄帝时代的第三大贡献是和大臣岐伯开创了中医理论体系。成书于战国末秦汉初的《黄帝内经》就托名黄帝所作。是用黄帝与岐伯一问一答的形式写成，分《素问》，《灵枢》两部分，各81篇，共162篇；论及经络、脏腑、针灸、阴阳五行、养生等中医基本理论；是中国最早的医书，也是学中医的必读书。因为中医是黄帝与岐伯共同创造的，所以中医又被称为岐黄之术。

此外，黄帝的大臣史皇氏发明了绘画；大臣伶伦因创制十二音律成为中国的音乐之祖；大臣大挠第一个编制历法；大臣隶首开始推算数学。舟车、弓箭之类也是黄帝时代发明的。

炎帝黄帝是中国民族共同的祖先，所以中国人都叫炎黄子孙。黄帝去世后葬在今陕西延安的黄陵县。现在黄陵县还有黄帝陵和轩辕庙。轩辕庙中古柏参天，其中有一株传说是黄帝亲手所植。历代帝王都派人到黄帝陵祭祀。现在每年四月，黄帝陵仍有大型的祭祀活动。三皇是上古时期对中国民族贡献最大的三位祖先，值得后人纪念。

단어 풀이

逐一 zhúyī 하나하나, 일일이

更替 gēngtì 교체, 대체

流变 liúbiàn 변천

通晓 tōngxiǎo 통달하다, 두루 알다

领袖 lǐngxiù 지도자, 영수

归向 guīxiàng (어느 한 방향, 상태, 행동으로 모이는) 경향, 추세, 귀의

驯伏 xùnfú 길들이다, 순종케 하다

牲畜 shēngchù 가축

养殖 yǎngzhí 양식하다, 기르다

早先 zǎoxiān 이전, 옛날

崇拜 chóngbài 숭배하다

图腾 túténg 토템

顶礼 dǐnglǐ 무릎 꿇고 두 손을 땅바닥에 대고 머리는 상대방 다리에 대다

膜拜 móbài 두 손을 이마에 위치하고 무릎 꿇어 머리를 땅에 대며 절하다,

顶礼膜拜 갖은 예를 다해 숭배하다

痕迹 hénjì 흔적, 자취

群婚 qúnhūn 집단 혼인

发端 fāduān 발단, 실마리

耕种 gēngzhòng 밭 갈고 파종하다

庄稼 zhuāngjia (농)작물

辨认 biànrèn 식별하다

托名 tuōmíng 명의를 빌리다

陵墓 língmù 능묘, 능과 묘

雏形 chúxíng (정형화 되기 이전의) 형태, 기틀

兼并 jiānbìng 합병하다, 점거하다

标志 biāozhì 상징하다, 표식하다

仰观 yǎngguān 우러러보다, 고개 들어 보다

俯察 fǔchá 굽어살피다

妖魔鬼怪 yāomóguǐguài 요괴와 악마

养蚕 yǎngcán 누에양식하다

丝绸 sīchóu 비단, 명주실

犹如 yóurú 마치 ~와 같다

野蛮 yěmán 야만적이다, 미개하다, 비문명적이다

分水岭 fēnshuǐlǐng 분수령

经络 jīngluò (중의) 경락

脏腑 zàngfǔ 인체 내 기관, (오)장(육)부

针灸 zhēnjiǔ 침구, 침과 뜸

历法 lìfǎ 역법

推算 tuīsuàn 추산하다, 미루어 계산하다

参天 cāntiān (나무가) 하늘 높이 솟아있다

고유 명사

仓颉 Cāngjié 창힐, 문자 창시자

岐伯 Qíbó 기백, 황제 시기 명의

伶伦 Línglún 영윤, 황제의 사관

大挠 Dànáo 대요, 황제의 사관

隶首 Lìshǒu 예수, 황제의 사관

연습 문제

1 아래 단어로 빈 칸을 채우시오.

Ⓐ 统治　　Ⓑ 崇高　　Ⓒ 崇拜

(1) 他高度赞扬这部小说，并对作者简直（　　）得五体投地。

(2) 奉上这小小的礼物，以表达我对您的（　　）敬意。

(3) 发展至汉代，汉武帝力推“罢黜百家，独尊儒术”，儒学很快占据文化（　　）地位，墨学走向衰落。

2 빈칸에 알맞은 단어를 쓰시오.

(1) 相传伏牺是人首蛇身。这是为什么呢？各民族早先都有自己崇拜的(　　)。原始民族认为自己是从某一种动物变化来的，于是对这种动物(　　)。

(2) 伏牺二字，伏(　　)一个人字、一个犬字构成，人在前，犬在后，表示人驯伏了狗。牺指作祭品用的牲畜，说明人已开始(　　)牲畜。

(3) 蜀字就像一(　　)虫，上面是虫的眼睛，一(　　)是虫的身子，里面是个虫子，这条虫就是蚕。蚕丝能(　　)织丝绸。

3 아래 문장이 맞으면 ✔표, 틀리면 ✗표 하시오.

(1) “三皇”“二帝”“三代之王”指得就是皇帝。（　　）

(2) 伏羲是古代传说里中国民族的人文始祖，是中国古籍中记载的最早的王，是中国医药鼻祖之一。（　　）

(3) 中国人自称炎黄子孙，将炎帝与黄帝共同尊奉为中国民族人文初祖，成为中国民族团结、奋斗的精神动力。（　　）

4 순서에 맞게 배열하시오.

(1) 一下　柜台前　请您　去　登记

____

(2) 他　被　名牌大学　录取　了　那所

____

(3) 什么安慰的话　一个拥抱　比　都　温暖

____

원문 해석

自牺农，至黄帝，号三皇，居上世。

복희, 신농부터 황제까지를 삼황이라 부른다. 상고시대에 살았다.

제20과

唐有虞，号二帝。
相揖逊，称盛世。

Táng yǒu yú, hào èr dì.
Xiāng yī xùn, chēng shèng shì.

원문 해설

唐指陶唐氏尧帝，有虞氏是舜帝。陶唐是尧的封地，有虞是舜的国号，这是以地名来称呼人，所以尧又叫唐尧，舜又叫虞舜。相揖逊，是指尧帝舜帝相互作揖谦让帝位。

司马迁赞美尧帝说，尧的仁德像天，智慧像神；靠近他如太阳一样温暖，仰望他就像天上的云彩一样圣洁。尧帝做事节俭，忠实不懈，又能让贤，光辉普照四方，达到天地。他能发扬大德，使家族亲密和谐；也能协调万方，使天下百姓友好和睦。

另外尧帝还令臣下谨慎制定历法，将岁时节令告诉百姓。百姓都认为只要依照尧帝制定的方法去做，就能丰衣足食。尧帝顺应自然规律治理天下，让万物各顺其性各得其所，在百姓不知不觉间天下已经达到大治。

尧帝活了115岁，年老时他不是将王位交给儿子，而是让给贤人。先打算让给隐士许由，许由说听了这样的话认为污染了他的耳朵，于是跑到江边去洗耳朵。江下游巢父正在饮牛，听说许由来了，便将牛牵走，说免得让许由洗了耳朵的水弄脏了他的牛嘴。许由、巢父都是自以为清高却没有大德仁心的隐士。后来，尧听说有个叫舜的人孝顺仁厚，就将自己的两个女儿娥皇、女英同时嫁给舜，借此来考察舜对家庭的治理能力。舜与娥皇、女英恩爱亲和，尧考察了他28年，最后才将天下传给大舜。

舜帝，姓姚，名重华。他一目重瞳，就是一只眼睛有两个瞳孔，两只眼睛就有四个瞳孔。传说圣人都是天生异相，尧是眉有八彩，舜是一目重瞳，孔子是头有肉丘，老子是耳无耳廓。舜的父亲及后母、同父异母弟弟都对舜不好，几次为难他加害他，但舜毫无怨言仍极为孝顺地侍奉双亲，他的孝心感动了苍天并且传到了尧的耳中，因此尧才打算将天下传给舜。当时，人们为歌颂舜因孝得天下，作了《韶》这支乐曲。孔子到齐国，听了《韶》乐，被深深打动，沉浸于乐曲的旋律，三个月连吃肉都觉得无味。舜谨慎地理顺五种伦理道德，就是父义、母慈、兄友、弟恭、子孝，用这种道理来教育百姓，百姓都十分顺从；舜管理百官，百官无不听命；迎接四方宾客，四方宾客都肃然起敬；守护山林时，在暴风雷雨等恶劣天气下也不迷误。舜登上帝位后祭祀天地山川四时，任命禹统领百官，稷掌管农业，契管理教育，皋陶负责刑狱，伯益统管山林。最后，舜将帝位禅让给治水有功的大禹。舜帝活了110岁，晚年南巡时死在苍梧的田野上，就是现在湖南九嶷山一带。九嶷山现在还存有舜帝陵。

尧舜清明仁德，那一时期四海宁静，风调雨顺，国泰民安，是后世中国人所向往的盛世的象征。

단어 풀이

封地 fēngdì 봉지, 분봉 지역
作揖 zuòyī 읍하다, 왼손으로 오른 손을 감싸고 고개 숙여 서로 인사하다
谦让 qiānràng 겸손하게 양보하다, 겸양하다
靠近 kàojìn 다가가다, 가까이가다
仰望 yǎngwàng 고개 들어 멀리 바라보다
圣洁 shèngjié 신성하고 순결하다
节俭 jiéjiǎn 근검절약하다, 절제하다
让贤 ràngxián 어진 자에 자리를 물려주다
普照 pǔzhào 두루 비추다
臣下 chénxià 신하
谨慎 jǐnshèn 신중하다
岁时 suìshí 세시, 계절
节令 jiélìng 절기와 그에 따라 변화하는 만물의 현상
丰衣足食 fēngyī-zúshí 입을 것과 먹을 것이 풍족하다
隐士 yǐnshì 은사, 은자
污染 wūrǎn 오염되다, 더럽혀지다
免得 miǎnde ~하지 못하도록

弄脏 nòngzāng 더럽히다

清高 qīnggāo 청렴하고 고상하다

恩爱 ēn'ài 부부가 서로 사랑하다

重瞳 zhòngtóng 겹눈동자

瞳孔 tóngkǒng 동공

耳廓 ěrkuò 이곽, 귓바퀴

为难 wéinán 난처하다, 곤란하다

加害 jiāhài 해를 끼치다

毫无 háowú 전혀 ~ 없다

怨言 yuànyán 원망의 말, 불평

侍奉 shìfèng 모시다, 섬기다

苍天 cāngtiān 푸른 하늘, 창천

歌颂 gēsòng 찬미하다, 칭송하다

乐曲 yuèqǔ 악곡

打动 dǎdòng 감동시키다

沉浸 chénjìn 심취되다, 빠져들다

旋律 xuánlǜ 선율, 리듬

肃然起敬 sùrán-qǐjìng 경건한 마음이 생기다

守护 shǒuhù 지키다, 수호하다

恶劣 èliè 매우 나쁘다

迷误 míwù 미혹시키다

统领 tǒnglǐng 통솔하다

掌管 zhǎngguǎn 맡아 관리하다

刑狱 xíngyù 형벌

统管 tǒngguǎn 총괄하다

禅让 shànràng 선양하다

宁静 níngjìng 평온하다, 편안하다

연습 문제

1 **아래 단어로 빈 칸을 채우시오.**

Ⓐ 希望　　　Ⓑ 羡慕　　　Ⓒ 优秀

(1) 从小他就是老师眼里最（　　）的学生，走上工作岗位，他还是这么出色。

(2) 多少农村的孩子都（　　）我们现在的生活，我们一定要懂得珍惜。

(3) 孩子们都（　　）自己能够快点长大，实现梦想。

2 **빈칸에 알맞은 단어를 쓰시오.**

(1) 最后，舜将帝位禅让(　　)治水有功的大禹。舜晚年南巡时死(　　)苍梧的田野上，就是现在湖南九嶷山一带。九嶷山现在还存有舜帝陵，舜帝(　　)了110岁。

⑵ 去面试的时候衣服要穿得（　　　）一些，不能太随便，穿戴整齐表示你对面试者的（　　　），会给他留下一个好的（　　　）。

⑶ 太阳对我们的（　　　）实在是太大了，它每天为地球（　　　）阳光和热量，保证动植物在（　　　）温度下正常生长，这种情况在将来至少四十亿年不会改变。

3 아래 문장이 맞으면 ✔표, 틀리면 ✗표 하시오.

⑴ 尧帝开创了帝王禅让之先河，在位七十年，认为儿子丹朱不成器，决定从民间选用贤良之才，并将王位传给舜。（　　）

⑵ 尧为了考验舜，将自己的两个女儿娥皇和女英嫁给了他，后世称她们俩为"湘夫人"。（　　）

⑶ 舜首次将打破禅让制度，将"公天下"变成"家天下"，把王位传给了他的儿子。（　　）

4 순서에 맞게 배열하시오.

⑴ 快　圣诞节　该　到了　圣诞　了　选购　礼物

____

(2) 看到　漂亮的　屋里的　小明　挂着　山水画　墙上　一幅

____

(3) 巨大的　一次次　高傲的　这只　低下了　拦路虎　头

____

三字经

원문 해석

唐有虞，号二帝。相揖逊，称盛世。

도당, 유우를 이제라 부른다. 서로 예로써 선양하니 (태평)성세로 일컬어진다.

제21과

夏有禹，商有汤，周文武，称三王。

Xià yǒu yǔ, shāng yǒu tāng.
Zhōu wén wǔ, chēng sān wáng.

원문 해설

三王是指三代圣王。这三代圣王分别是夏朝开国国君大禹、商朝开国国君商汤、周朝开国国君周文王和周武王。所谓圣王，就是道德崇高的圣人，就是有伟大功业的君王。

禹姓姒名文命，曾受封夏伯，所以又称夏禹，他的儿子启所建立的朝代就称做夏朝。禹是鲧的儿子，尧帝之时洪水泛滥，尧帝命鲧治水，鲧用堵截法治理，结果所堵之处尽被洪水冲垮，治水失败了。舜帝时，大禹继承父志继续治水，他采取与堵截完全不同的疏通法，在外十三年，三过家门而不入；登高山，临大川，哪里有水患就去疏通哪里，最终治服了水患。相传黄河的石门就是大禹用斧头劈开的。石门位于陕西与山西交界的地方，宽60米，是黄河最窄的地段。现在看到的石门两壁整整齐齐，确实像斧头劈开的。大禹疏泄江河，依据江河的走向将中国分为九州，并铸九鼎用来镇守九州。大禹治水功绩伟大，因此舜帝将天下禅让给他。天下的百姓也怀念禹的功绩，黄河流域和长江流域很多地方有纪念他的禹庙。大禹不仅治水有功，而且对百姓非常仁慈，见到罪人就伤心地说：这是尧舜留下的百姓呀，尧舜在时，他们都学习尧舜的仁心；今天我当国君，他们就犯了罪，这是我这个国君没做好呀。孔子对大禹也极力称赞：对于大禹，我简直没有什么可以挑剔的。他的饮食非常简单，却尽力去孝敬神灵；他的衣服很是简朴，在祭祀时却尽力穿得庄重；他住的房屋极为低矮，却尽全力去治理水患。大禹活了105岁，因治水的功绩伟大，与尧舜并称为尧舜禹。

汤，是舜帝的大臣契的十四世孙。契封于商地，汤所建的朝代就称做商朝。汤又称商汤、成汤，成是说汤以武力推翻夏朝获得成功。汤心地仁厚，一次，猎人在野外四面张网，并祝祷所有禽兽都进入网中。汤见到后，撤去三面网，并把祝词改为：要向左的向左，要向右的向右，要向上的向上，要向下的向下，不要命的才进网中来。天下诸侯百姓听说了这件事，都说汤的恩德遍及禽兽，何况人呢？于是纷纷归顺。汤是中国历史上第一个领导百姓起来夺取政权的人，夏桀残暴荒淫，于是汤灭夏建商。商朝建立后，大旱七年，太史说要用一个人为祭品来祈雨，汤说我是为民祈祷，就把我当作祭品吧。于是剪了自己的头发，身披白茅草，扮成祭品的样子去祈雨，并自责说：如果天下人有罪过，那都是因我这国君没做好；我做国君的有罪过，决不能连累百姓。话没说完，天降大雨。汤手下有个著名的贤臣叫伊尹，最初给汤当厨师，后来汤发现他很有才能，便拜为右相。

出身低微的伊尹辅佐商汤功劳卓著，孟子称赞他是以天下为己任的人。

周文王，姓姬，名昌，舜帝的臣子稷的后代。周是文王的封地，所以他儿子武王所建立的朝代叫周朝。文王本是商朝时的诸侯，又称西伯。西伯从小受到祖母太姜、母亲太妊的良好教育，品德仁厚。太姜、太妊及西伯的妻子太姒都贞洁贤明、教子有方，深受人们尊敬，被称为三母。商纣王时，文王曾听说商纣王滥杀无辜而惊叹，因此被囚禁。被囚禁的这段时间，文王将《周易》八卦演绎成六十四卦，并创作了卦辞。释放以后，文王多方实行仁政，使政治清明农业发展。一次修建灵台时，从地里掘出一副人骨，文王立刻命人安葬。手下人说无主枯骨，没有必要安葬。文王说：拥有天下的人就是天下的主人；拥有一诸侯国的人就是一国的主人。我是诸侯国王，我就是这副枯骨的主人。当时的百姓纷纷感叹，文王能使枯骨受到恩泽，更何况活着的人呢？天下人见此，纷纷归顺；各诸侯国仰慕他的品德，遇到纠纷之事都跑来找西伯公断。一次，虞国、芮国争夺土地，两位诸侯王到周国一看，只见人人互相礼让、满国和气，竟羞愧地回去，地也不再争了。最后商朝三分天下，文王占了两分，全是因为文王的品德行为崇高。文王活了97岁。他手下有个名臣姜太公，名叫吕望，据说他80岁时在渭水河畔钓鱼，遇到文王出猎，被文王请去帮助治理天下，尊称为太公。

武王是文王的儿子，姓姬名发。文王驾崩第二年，武王准备讨伐残暴的商纣王。当时纣王无道至极，激起各国诸侯合力讨伐。武王正式出兵，不到一个月就攻进商朝的都城朝歌，纣王自焚身亡，武王建立起周朝。接着，武王命令把兵器都封藏起来，表示从今以后不再打仗，并分封所有功臣及古帝先王的后代，共封诸侯71个。武王活到93岁。

三皇、二帝、三王所建立的以德治天下的传统，作为中国古代的先进文化，全部被孔子继承。孔子系统地总结了圣王治国的道理，又传于后世，才形成了儒家学说。

단어 풀이

泛滥 fànlàn 범람하다, 넘치다

功业 gōngyè 공훈과 업적, 공적

堵截 dǔjié 가로막다, 차단하다

冲垮 chōngkuǎ (충격에) 휩쓸려 무너지다

采取 cǎiqǔ (방법 등을) 취하다, 채택하다

疏通 shūtōng (막힌 곳을 뚫어) 흐름이 좋게 하다

水患 shuǐhuàn 수해, 수재, 물난리

斧头 fǔtou 도끼

劈开 pīkāi (도끼로) 쪼개다, 자르다

地段 dìduàn 구간, 구역

整齐 zhěngqí 반듯하다, 정연하다, 가지런하다

疏泄 shūxiè (막힌 곳을 뚫어) 흐르게 하다, 통하게 하다

走向 zǒuxiàng 추세, 흐름

九鼎 jiǔdǐng 아홉 개의 솥, 구정

镇守 zhènshǒu 진지를 치고 지키다

怀念 huáiniàn 회상하다, 그리워하다, 추억하다

仁慈 réncí 인자하다

犯罪 fànzuì 죄를 범하다, 죄짓다

挑剔 tiāotī (결점, 잘못을) 지나치게 트집을 잡다, 들춰내다

简朴 jiǎnpǔ (말, 행동, 생활이) 소박하다, 검소하다, 화려하지 않다

庄重 zhuāngzhòng 장중하다, 위엄이 있다

低矮 dī'ǎi 낮다

推翻 tuīfān 뒤집어엎다, 전복시키다

张网 zhāngwǎng 그물을 펴다, 치다

祝祷 zhùdǎo 축복을 빌다

禽兽 qínshòu 금수, 날짐승과 네 발 짐승

撤去 chèqù 철거하다

遍及 biànjí 두루 미치다

归顺 guīshùn 귀순하다, 귀속하다

夺取 duóqǔ 탈취하다, 빼앗다

残暴 cánbào 잔학하고 포악하다, 잔폭하다

荒淫 huāngyín 음란하다, 음탕하다

大旱 dàhàn 극심한 가뭄

祈祷 qídǎo 기도하다, 빌다

自责 zìzé 자책하다

罪过 zuìguò 죄과, 잘못

连累 liánlěi 연루시키다

低微 dīwēi (신분, 지위가) 낮다, 미천하다

卓著 zhuózhù 탁월하다, 현저하게 뛰어나다

贞洁 zhēnjié 정조있다

有方 yǒufāng 바른 방도, 방법을 두다

滥杀 lànshā 남살하다, 마구자비 죽이다

无辜 wúgū 무고하다, 허물이 없다

惊叹 jīngtàn 경탄하다, 몹시 놀라다

囚禁 qiújìn 수감하다, 옥에 가두다

演绎 yǎnyì 미루어 넓히다, 늘어놓다, 연역

卦辞 guàcí 괘사, 점괘를 기록한 글

立刻 lìkè 즉시, 바로

安葬 ānzàng 안장하다, 고이 장사지내다

枯骨 kūgǔ 해골, 백골

恩泽 ēnzé 은택, 은공

仰慕 yǎngmù 앙모하다, 우러러보다

纠纷 jiūfēn 분규, 다툼

公断 gōngduàn 공정하게 판정하다

争夺 zhēngduó 쟁탈하다, 가지려 싸우다

礼让 lǐràng 예양하다, 예로써 사양하다, 양보하다

羞愧 xiūkuì 부끄러워하다, 창피해하다

河畔 hépàn 강둑, 강가

驾崩 jiàbēng 임금이 승하하다, 서거하다

讨伐 tǎofá 토벌하다, 정벌하다

至极 zhìjí 지극히, 극도로

激起 jīqǐ (자극시켜) 일어나게 하다, 물결이 세게 일다

攻进 gōngjìn 공격해 들어가다, 진공하다

封藏 fēngcáng 닫아 감추다

淳朴 chúnpǔ 순박하다

千载难逢 qiānzǎi-nánféng 천년에 한번 마주칠까말까 한, 접하기 어려운

연습 문제

1 아래 단어로 빈 칸을 채우시오.

Ⓐ 仁慈　　Ⓑ 残暴　　Ⓒ 释放

(1) 那个(　　)的国王过去常把犯人钉在尖尖的木桩上进行折磨。

(2) 当我们原谅了别人的过失时，就是解开了心锁，(　　)了自己的时候。

(3) 我感谢你们在过去八年让我亲身体验了数不尽数地表现出勇气、慷慨与(　　)的行为。

2 빈칸에 알맞은 단어를 쓰시오.

(1) 三皇指的是(　　)、(　　)、(　　)。

(2) 二帝指的是(　　)、(　　)。

(3) 三代之王指的是(　　　)、(　　　)、(　　　)、(　　　)。

3 아래 문장이 맞으면 ✔표, 틀리면 ✗표 하시오.

(1) 夏禹完成了国家的建立，用阶级代替原始社会，以文明社会代替野蛮社会，推动了中国帝王历史沿革发展。 (　　)

(2) 后世的儒家，为了把道德与政治联系起来，把文王当成一个“内圣外王”的典型加以推行，致使文王的影响就越来越大。 (　　)

(3)《皇帝内经》是皇帝时期产生的著作。 (　　)

4 순서에 맞게 배열하시오.

(1) 领域　这个理论　被　很多　应用到

____

(2) 世界上　作品　没有　完美的　绝对

____

(3) 他们　时间　把　5月中旬　聚会　定在

____

원문 해석

夏有禹，商有汤，周文武，称三王。

하나라 우, 상나라 탕, 주나라 문왕과 무왕을 삼왕이라 일컫는다.

제22과

夏传子，家天下。
四百载，迁夏社。

Xià chuán zǐ, jiā tiān xià.
Sì bǎi zǎi, qiān xià shè.

원문 해설

夏商周三代的圣王讲完后，再来讲夏商周三朝的历史。尧舜时代帝位传贤不传子，被称作以天下为公；从夏朝开始，帝位传给子孙，就被称为以天下为家了。大禹登帝位后，也效法尧舜，准备将天下让位给舜帝的贤臣皋陶，皋陶早早就死了；后来打算禅让给益，可是禹的儿子启非常贤明，再加上人们怀念大禹的功绩，大禹死后，天下诸侯百姓都拥戴启继位。启继位后，王位就由启的子孙一代一代传下去了。夏朝从大禹开始共17帝，439年。夏启的儿子太康纵情饮酒打猎，不理朝政，被有穷氏的首领后羿赶走，禹的其他四个儿子也都贪图享乐，最终后羿把持朝政并自立为君，派他的儿子浇杀掉夏启的后代以除后患。不料遗漏一妇女身怀有孕，逃回娘家生下一子少康。少康在母亲的教养下立志复国，浇听说后派兵攻打少康，少康逃到了虞国。在虞国国君的帮助下，经过20多年的准备，少康最终击败浇，恢复了夏国。这就是夏朝历史上有名的“少康中兴”。夏朝最后一个皇帝夏桀力气巨大，能徒手将铁钩拉直，但是荒淫无度，宠幸爱妃，言听计从，修建高大华丽的歌舞台，又造酒池肉林以供享乐。酒池就是挖一个很大的池子，里面装满酒，可以开船，夏桀经常带着妃子在酒池中荡舟。肉林就是成堆的肉食菜肴简直像山林一样。这个妃子还有个古怪癖好，爱听布帛撕开的声音，夏桀就将宫中的、民间的布帛都搜罗来命人一块一块地撕给她听，弄得天怒人怨。夏桀自比天上的太阳，说只有太阳掉下来，我才会灭亡。天下人恨透了夏桀，都说太阳什么时候才能消失呀，我们愿意和你一起灭亡。夏桀荒残无道，最终被商汤攻灭，商汤仁厚，未杀夏桀，只是把他流放到南巢这个地方。

迁夏社，是指商取代夏。每个朝代都供有自己的土神，土神变了，说明朝代也就更换了。夏这个字是一个人戴着面具跳舞的样子。歌舞是礼乐的象征，大禹的封地被取名夏，就是因大禹重视并倡导礼乐。夏朝建立以后，周围少数民族都称夏朝人为夏人，后来人往往华夏连用，称华夏人、华夏族。华是衣冠之美，夏是礼乐之美；衣冠、礼乐合起来就是文明。华夏这个称谓就印证了中国具有五千年的悠久文明。

단어 풀이

效法 xiàofǎ 본받다, 배우다

拥戴 yōngdài 추대하다, 받들어 모시다

纵情 zòngqíng 마음가는대로, 실컷

贪图 tāntú 탐하다, 욕심부리다

把持 bǎchí 손에 쥐다, 차지하다

不料 búliào 생각지도 못하게, 의외에

遗漏 yílòu 빠뜨리다, 누락하다

怀孕 huáiyùn 임신하다

教养 jiàoyǎng 가르치고 키우다

攻打 gōngdǎ 공격하다

击败 jībài 격파하다, 무찌르다

徒手 túshǒu 맨손의, 맨손으로

铁钩 tiěgōu 쇠갈고리

宠幸 chǒngxìng 총애하다

爱妃 àijì 애첩

言听计从 yántīng-jìcóng 어떤 말이든 듣고 그대로 따르다

酒池肉林 jiǔchí-ròulín 주지육림

荡舟 dàngzhōu (작은 배를) 타다

菜肴 càiyáo 음식, 안주

古怪 gǔguài 괴이하다, 괴상하다

癖好 pǐhào (즐기는 정도가 심한) 취미

布帛 bùbó 베와 비단

搜罗 sōuluó (다니면서) 한데 모으다, 수집하다

恨透 hèntòu 죽도록 증오하다, 원망하다

灭亡 mièwáng 멸망하다

取代 qǔdài 취해 대신하다

更换 gēnghuàn 바꾸다, 교체하다

倡导 chàngdǎo 알리며 이끌다, 선도하다

印证 yìnzhèng 검증하다, 증명하다

연습 문제

1 **아래 단어로 빈 칸을 채우시오.**

Ⓐ 经验　　Ⓑ 经历　　Ⓒ 体验

(1) (　　)了这场地震以后，我更加懂得了生命的可贵。

(2) 我从小就跟着爸爸爬山，在爬过了这么多座山以后也总结出了一些自己的(　　)。

(3) 我还从没(　　)过像跳伞这么刺激的运动呢。

2 빈칸에 알맞은 단어를 쓰시오.

(1) 酒池就是挖一个很大的池子，里面装(　　　)酒，可以开船，夏桀经常带着妃子在酒池中荡舟。肉林就是成堆的肉食菜肴简直(　　　)山林一样。

(2) 夏朝建立以后，周围少数民族都称夏朝人为夏人，后来人往往华夏连用，称华夏人、华夏族。华是(　　　)之美，夏是(　　　)之美；衣冠、礼乐合起来就是文明。

(3) 醋不但可以做菜，还有许多其他的(　　　)。日常生活中喝点儿醋可以(　　　)疲劳，醋可以帮助消化，让营养变得更容易(　　　)。

3 아래 문장이 맞으면 ✔표, 틀리면 ✗표 하시오.

(1) 大禹将王位传给了自己的儿子夏启，被称为以天下为家。(　　)

(2) 夏桀是夏朝最后一位君主，是历史上有名的暴君。(　　)

(3) 周武王亲率大军，牧野大战之后击退夏桀，夏王朝从此灭亡。(　　)

4 순서에 맞게 배열하시오.

(1) 象 继续 悠闲 走 自己的路 一副 的 样子 沉着

____

(2) 很长 一般 一百年 几十年 可以 鲸的 寿命 活到 甚至

____

(3) 草帽 我 脸上 就 遮在 睡着了 把

____

三字经

원문 해석

夏传子，家天下。四百载，迁夏社。

하나라가 (제위를) 아들에게 물려주며 천하를 집안으로 삼았다. 400년이 지나 하나라 사직은 옮겨졌다.

汤伐夏，国号商。
六百载，至纣亡。

Tāng fá xià, guó hào shāng.
Liù bǎi zǎi, zhì zhòu máng.

원문 해설

商汤攻灭夏朝，建立商朝，定都亳，就是今天的河南商丘。从商汤开始，共传袭30个帝王，644年。商汤去世后，朝政由伊尹辅佐，汤的孙子太甲继位时不遵循汤的遗志和律法，被伊尹放逐到桐这个地方，桐是商汤埋葬之处。经过三年，太甲悔过，伊尹迎接他回朝主政。商朝到第十九个帝王盘庚时，由于黄河屡次决堤，都城也经常迁移，盘庚将都城迁到殷城，也就是今天的河南安阳，并改国号为殷，所以商朝又称殷商。盘庚迁都之后，推行汤朝的国政，商朝又进入中兴时期。商朝因信鬼神，朝政经常把持在巫师手中，大臣武乙为破除迷信，用皮囊盛血，挂在城门高高的竹竿上，用箭射之，鲜血四溅，说是天鬼被射死，号召人们不要再畏惧鬼神了。这就是商朝有名的“武乙射天”。

商朝最后一个帝王叫受辛，就是商纣王。商纣王这个人有才华、有力量、有智慧，能言善辩，做错了的事都可以说成好事，而且可以徒手和猛兽搏斗，认为天下人都不如自己。但是，他非常残暴，纵情声色，荒淫无度。设残酷的炮烙之刑来取乐。炮烙就是把油膏涂在铜柱上，下面烧火，令犯人在铜柱上走。铜柱涂油则滑，火烧则烫，犯人在上面走不稳，跌倒下来就被火烧伤。犯人痛苦不堪，纣王与妃子妲己却大笑不止。一次，见一孕妇从城下走过，纣王与妲己猜孕妇肚中胎儿是男是女，竟当场将孕妇抓来剖腹验看。寒冬里，纣王与妲己穿着厚皮衣服还觉得冷，看到农夫光着脚涉水，认为农夫的骨髓特别充足，就将农夫抓来断骨验看。纣王如此残暴，他的叔父、忠臣比干曾三番五次地劝他改正。纣王说比干你自称是圣贤，听说圣贤的心有七个孔穴，我倒要看看你的心有几个，于是真的将比干剖胸取心。纣王恶事做尽，天人共怒。最后，周武王起兵讨伐，商纣王派去打仗的士兵都厌恶纣王，不与武王为敌，掉过头来向纣王进攻。武王攻入朝歌，纣王自焚而死，商朝灭亡。另外，商朝的青铜器工艺高超，而且出现了刻在龟甲兽骨上用以占卜的甲骨文。甲骨文已是一种比较成熟的文字，象形、指事、形声、会意、假借都已经具有雏形。商朝还出现了天干地支记年法，并沿用好几千年。

단어 풀이

攻灭 gōngmiè 공격해 멸망시키다

遵循 zūnxún (법규, 제도 등을) 따르다

遗志 yízhì 유지

放逐 fàngzhú 추방하다, 쫓아내다

悔过 huǐguò 잘못을 뉘우치다

迎接 yíngjiē 맞이하다, 영접하다

屡次 lǚcì 누차, 여러 차례

决堤 juédī 제방이 무너지다

都城 dūchéng 도성, 수도

迁移 qiānyí 옮겨가다, 이전하다

推行 tuīxíng 널리 시행하다, 추진하다

巫师 wūshī 주술사, 무당

破除 pòchú 제거하다, 타파하다

皮囊 pínáng 가죽주머니

竹竿 zhúgān 대나무 장대

四溅 sìjiàn 사방으로 튀다

号召 hàozhào (많은 사람에게) 알리다, 통지하다, 호소하다

畏惧 wèijù 두려워하다

能言善辩 néngyán-shànbiàn 언변이 뛰어나다, 달변이다

猛兽 měngshòu 맹수, 사나운 짐승

搏斗 bódòu 격투하다, 싸우다

声色 shēngsè 가무와 여색

残酷 cánkù 잔혹하다

炮烙之刑 páoluòzhīxíng 포락지형

油膏 yóugāo 반고체상태 기름, 연고

铜柱 tóngzhù 구리 기둥

跌倒 diēdǎo 넘어지다, 엎어지다

剖腹 pōufù 배를 가르다

验看 yànkàn (검증을 목적으로) 살펴보다

涉水 shèshuǐ 물을 건너다

骨髓 gǔsuǐ 골수

三番五次 sānfān-wǔcì 여러 차례, 자주

孔穴 kǒngxué (인체) 혈

恶事 èshì 악행, 나쁜 짓

讨伐 tǎofá 토벌하다, 정벌하다

厌恶 yànwù 증오하다, 몹시 싫어하다

掉头 diàotóu 고개를 돌리다, 방향을 바꾸다

青铜器 qīngtóngqì 청동기

占卜 zhānbǔ 점복

고유 명사

妲己 Dájǐ 달기

比干 Bǐgàn 비간

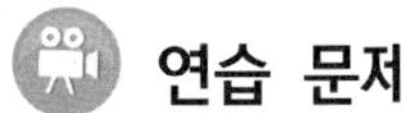

연습 문제

1 **아래 단어로 빈 칸을 채우시오.**

Ⓐ 畏惧　　Ⓑ 遵循　　Ⓒ 辅佐

(1) 一个国君要想建立一个好的帝国需要一个能尽心（　　）他的大臣。

(2) 有时候，人只能用微笑藏起(　　)，用欢笑藏起泪水。

(3) 学习语言必须(　　)循序渐进的原则。

2 **빈칸에 알맞은 단어를 쓰시오.**

(1) 甲骨文也叫(　　)，是(　　)朝人用来记录所(　　)的文字。

(2) 甲骨文已是一种比较成熟的文字，(　　)、(　　)、(　　)、(　　)、(　　)都已经具有雏形。

(3) 商朝因信鬼神，朝政经常(　　　)在巫师手中，大臣武乙为破除迷信，用皮囊盛血，挂在城门高高的竹竿上，用箭射之，鲜血四溅，说是天鬼被射死，(　　　)人们不要再畏惧鬼神了。这就是商朝有名的“(　　　)”。

3　아래 문장이 맞으면 ✔표, 틀리면 ✗표 하시오.

(1) 在中国古代神话传说中，中国民族的始祖是上天“龙”的传神，中国民族的子孙后代都是龙。(　　)

(2) 龙在中国是吉祥美好的象征，也是中国民族和文化的象征。(　　)

(3) 目前能够辨认出来的甲骨文有四五千个。(　　)

4　순서에 맞게 배열하시오.

(1) 得　采取　措施　我们　立即

____

(2) 永远　好了　要是能　保持　年轻　就

____

(3) 意义　他的　有　很特殊的　经历　这段

____

원문 해석

汤伐夏，国号商。六百载，至纣亡。

탕이 하를 정벌하고 국호를 상이라 했다. 600년이 흘러 주에 이르러 멸망했다.

周武王，始诛纣。
八百年，最长久。

Zhōu wǔ wáng, shǐ zhū zhòu.
Bā bǎi nián, zuì cháng jiǔ.

원문 해설

周武王灭了商朝，建立周朝，定都镐京，也就是今天的西安。共传袭了37个帝王，867年。周朝可以说是中国历史上延续时间最长久的朝代。不过周朝分为西周与东周，西周是周朝的强盛时期；到东周，周天子已经基本丧失了统治，权力都掌握在各诸侯国手中。西周传到周幽王为止，共12王318年；东周从平王开始到秦统一以前，共25王549年。历史上又将东周称为春秋战国时代。武王建立周朝后第二年就生重病，武王的弟弟周公姬旦在先庙中祈祷，愿以己身代武王受死，史官将周公的祷词收藏起来。武王驾崩后，年仅8岁的成王姬诵继位，周公统摄朝政，辅佐成王。武王灭商后，封商纣王的儿子武庚继续留在殷，派兄弟管叔、蔡叔、霍叔驻守殷地监视武庚，称为三监。周公摄政，三叔不满，散布流言说周公将不利于成王，成王被迷惑，三叔又和武庚联合东夷各国叛乱。周公亲自指挥平定了叛乱。此时正当百谷成熟尚未收获，忽然电闪雷鸣，飓风咆哮，庄稼伏倒，大树拔起，国人恐慌。成王戴礼帽，打开装有周公祷词的柜子，见周公愿代武王死的祷词，大为感动，知道是自己错怪周公，上天降怒，于是亲自出郊外迎接凯旋的周公。这时雨住风停，庄稼又全都立了起来。

武王得天下后分封了71个诸侯，这些诸侯都是周朝的子弟和功臣。分封诸侯实际就是将中原的政治、经济、文化推广到全国各地。周公是继文王、武王后的又一位圣人。他最主要的功绩就是建立了一套完整有序的制度，使周朝礼乐完备国兴民安。因此孔子称赞说：周朝借鉴夏商两个朝代的制度而建立了礼乐，是多么繁盛美好啊，我愿意遵守周朝的礼制。周公制礼的一个主要精神就是强调德治，在天命思想之外加上敬德保民的主张。周公讲周朝取代商朝是接受天命，而行使天命的依据是统治者要有仁德。周公的这套思想是后世儒家主张德治的根据，周公也是孔子一生最崇拜的人。成王、康王继承周公之志，建立了成康盛世。后来，昭王、穆王频频征讨蛮戎，劳而无功，耗费不少，至此西周开始衰落。

共和元年（前841），是中国历史有确切纪年的开始。周公、昭公立厉王的儿子为宣王，励精图治，出现中兴气象。而宣王后的幽王昏庸无道，于是出现了大地震和河流壅塞。当时的大地震使很多河流都沸腾，高山大岳都崩碎，高岸下降为深谷，深谷上升为山陵。那时有个叫伯阳父的人就说：夏朝要亡的时候洛河枯竭，商朝要亡的时候黄河决堤，现在大地震动，恐怕周朝也要衰亡了吧。那时幽王宠幸妃子褒姒，褒姒终日不笑，有人给幽王出主意将烽火台点燃。点燃烽火台是传达周天子有危险的信号，天下诸侯就会派兵赶来保卫周天子。幽王点燃烽火台，天下诸侯果然纷纷带兵赶到，发现幽王安然无事，诸侯才知道上了当，正愤愤欲返时，褒姒开口笑了。后来幽王真的受到攻击危机降临时，再一次点燃烽火台，诸侯都不再来了，幽王被杀，西周灭亡。西周果然亡在幽王手里。

단어 풀이

传袭 chuánxí (왕위 등을) 전수하고 물려받다, 물려주고 물려받다

延续 yánxù 지속하다, 연장하다

丧失 sàngshī 상실하다, 잃어버리다

祷词 dǎocí 기도문

统摄 tǒngshè 통괄하다

驻守 zhùshǒu 주둔하며 지키다

监视 jiānshì 감시하다

散布 sànbù 퍼뜨리다, 유포하다

迷惑 míhuò 미혹되다, 현혹되다, 판단력을 잃다

叛乱 pànluàn 반란을 일으키다, 반란

指挥 zhǐhuī 지휘하다

正当 zhèngdāng 바로 ~한 때, *정당, 정당하다 = **正当**(zhèngdàng)

电闪雷鸣 diànshǎn-léimíng 천둥번개치다

飓风 jùfēng 거대태풍, 허리케인

咆哮 páoxiào 포효하다, 크게 외쳐 소리 내다, 으르렁거리다

伏倒 fúdǎo (앞으로) 엎어지다, 넘어지다

拔起 báqǐ 뽑히다

恐慌 kǒnghuāng 당혹하다, 당황하다

柜子 guìzi 궤짝, 함

错怪 cuòguài 오해로 남을 탓하다, 나무라다

称赞 chēngzàn 칭찬하다, 높이 평가하다

遵守 zūnshǒu 준수하다, 지키다

行使 xíngshǐ 행사하다

频频 pínpín 빈번하게, 되풀이해서

蛮戎 mánróng 오랑캐, 이민족

耗费 hàofèi 소모하다, 들이다

衰落 shuāiluò 쇠락하다, 몰락해가다

确切 quèqiè 확실하다, 확실히

纪年 jìnián 역사 기록을 연대에 따라 편찬하다

励精图治 lìjīng-túzhì 마음 다해 나라 잘 다스림을 도모하다

中兴 zhōngxīng 중흥하다

昏庸 hūnyōng 우둔하다, 우매하다

壅塞 yōngsè 막히다, 통하지 않다

沸腾 fèiténg 끓어오르다, 비등하다

崩碎 bēngsuì 무너져 부셔지다

高岸为谷, 深谷为陵 gāoàn-wéigǔ, shēngǔ-wéilíng 높은 낭떠러지가 골짜기 되고, 깊은 골짜기가 언덕이 되다, 지각변동이 일어나다

枯竭 kūjié 고갈되다, 말라 없어지다

烽火 fēnghuǒ 봉화

点燃 diǎnrán 불 붙히다, 점화하다

保卫 bǎowèi 보위하다, 지키다

安然无事 ānrán-wúshì 평온하고 아무 일 없다, 무사하다

上当 shàngdàng 속임수에 넘어가다, 꾐에 빠지다

愤愤 fènfèn 매우 화가 나서

고유 명사

褒姒 Bāosì 포사

연습 문제

1 아래 단어로 빈 칸을 채우시오.

Ⓐ 担心　　Ⓑ 适应　　Ⓒ 熟悉

(1) 世界不会为了我们而改变，我们就要学会改变自己去(　　)社会。

(2) 你才来，还不(　　)环境，我带你四处走走，过两天就好了。

(3) 你不用(　　)，我一定会照顾好他的。

2　빈칸에 알맞은 단어를 쓰시오.

(1) 周朝分为西周与东周，西周是周朝的强盛时期；到东周，周天子已经基本(　　)了统治，权力都(　　)在各诸侯国手中。

(2) 幽王点燃烽火台，天下诸侯果然纷纷带兵赶到，发现幽王安然(　　)，诸侯才知道(　　)了(　　)，正愤愤欲返时，褒姒开口笑了。

(3) 所有人都会在某些因素(　　)下发生注意力减退，而睡眠不足是最为普遍的(　　)之一。因为睡眠不足时人体内的供氧会受到影响，而氧气是(　　)那些化学物质的必需品。

3　아래 문장이 맞으면 ✔표, 틀리면 ✗표 하시오.

(1) 周朝分为西周和东周，西周始于周文王，终于周幽王。后周平王将京都迁至洛邑，史称东周。(　　)

(2) 西周国家实行分封制，而分封制的基础则是宗法。宗法是中国古代社会血缘关系的基本原则，其主要内容是嫡长继承制。(　　)

(3) 从西周时起，中国就开始进入到封建社会了。(　　)

4 순서에 맞게 배열하시오.

(1) 缓缓地 村边 从 小溪 流过 一条 清澈的

____

(2) 叔叔 吸引了 这 精彩的 场 大个子 球赛

____

(3) 香港 海洋公园 景点 是 著名的 最

____

원문 해석

周武王，始诛纣。八百年，最长久。

주무왕이 비로서 주을 주살하였다. 800년 동안으로 가장 길었다.

Appendix ❶

연습문제 참고답안

제1과 1.(1)Ⓐ (2)Ⓒ (3)Ⓑ 2.(1)对于,极为(2)形体,声音,意义 (3)如果,才 3.(1)× (2)∨ (3)× 4.(1)儿童的启蒙教育一定要引起重视。(2)胆子会越练越大, 脸皮会越磨越厚。(3)我还可以补充几条高薪养廉靠不住的理由。

제2과 1.(1)Ⓒ (2)Ⓐ (3)Ⓑ 2.(1)以,去,有 (2)开始,如何,起来 (3)不仅,还,使 3.(1)∨ (2)× (3)∨ 4.(1)公司不允许工作的时候玩电脑。(2)北京的出租车司机都特别的热情。(3)小明把妈妈新买的自行车弄坏了。

제3과 1.(1)Ⓒ (2) Ⓑ (3)Ⓐ 2.(1)既有,也有 (2)把,而 (3)所以,相对,那么 3.(1)∨ (2)∨ (3)× 4.(1)那座桥有800年的历史了。(2)这篇论文是什么时候发表的？(3)今天的汤味道真不错。

제4과 1.(1)Ⓑ (2)Ⓒ (3)Ⓐ 2.(1)理论,人性善 (2)步步,罢休 (3)紧张,加重,整治 3.(1)∨ (2)× (3)∨ 4.(1)爸爸带着我去三峡旅游。(2)老师和小朋友一路上说说笑笑, 不知不觉来到公园。(3)小猫圆圆的眼睛在阳光下眯成一条线。

제5과 1.(1)Ⓒ (2)Ⓐ (3)Ⓑ 2.(1)在,坚持 (2)《诗》,《书》,《春秋》(3)孝顺,敬爱 3.(1)∨ (2)× (3)∨ 4.(1)旅行能使人心情愉快。(2)小麦具有很高的营养价值。(3)爸爸把小狗抱到了沙发上。

제6과 1.(1)Ⓒ (2)Ⓑ (3)Ⓐ 2.(1)著称,过,相传 (2)提倡,养成,习惯 (3)哲学,追求,影响 3.(1)∨ (2)∨ (3)∨ 4.(1)孩子在东方明珠电视塔上快乐地游玩。(2)小明用铅笔在白纸上写出最美丽的文字。(3)小青蛙好像一群小娃娃在水里游泳。

제7과 1.(1)Ⓐ (2)Ⓒ (3)Ⓑ 2.(1)《论语》,《中庸》(2) 孝,伦理 (3)当,上,就 3.(1)× (2)∨ (3)∨ 4.(1)包里只剩下一瓶矿泉水。(2)下个学期的课比较轻松。(3)这只能代表你个人的观点。

제8과 1.(1)Ⓑ (2)Ⓐ (3)Ⓒ 2.(1)需要,表扬,养成 (2)对于,因此,指有 (3)激烈,占有,目标 3.(1)∨ (2)× (3)∨ 4.(1)每匹小马很快地找到了自己的妈妈。(2)我们要用自己的生命勇敢地保卫和平。(3)我要向爸爸献上一束最美的鲜花。

제9과 1.(1)Ⓑ (2)Ⓒ (3)Ⓐ 2.(1)变化,简易,变易,不易 (2)《易经》,阴阳八卦 (3)做,找,着 3.(1)∨ (2)× (3)× 4.(1)你说的那个消息准确吗？(2)教练说我的姿势不太标准。(3)我还没来得及跟他商量。

제10과 1.(1)Ⓐ (2)Ⓒ (3)Ⓑ 2.(1)收录,起草 (2)假如,价值,画 (3)显示,占,中 3.(1)∨ (2)∨ (3)× 4.(1)大家不约而同为他的精彩表演而鼓掌。(2)远处的几座灯塔闪烁着微弱的光芒。(3)温暖的春风轻轻地吹进了我们的校园。

제11과 1.(1)Ⓒ (2)Ⓐ (3)Ⓑ 2.(1)奠定,沿用 (2)商周,古老 (3)建立,确定,开创 3.(1)∨ (2)∨ (3)× 4.(1)实际情况肯定要比这复杂得多。(2)这个结论是否可靠呢？(3)控制自己的情绪是一门学问。

제12과 1.(1)Ⓒ (2)Ⓐ (3)Ⓑ 2.(1)《周礼》,《仪礼》(2)被,成为 (3)透,住,动 3.(1)× (2)∨ (3)∨ 4.(1)叔叔十分赞赏地望着这位年轻人。(2)我对母亲的教诲有了深刻的体会。(3)各种物资不断地运往灾区救灾。

제13과 1.(1)Ⓑ (2)Ⓐ (3)Ⓒ 2.(1)各诸侯国的民歌,正乐之歌,宗庙祭祀用的乐章 (2)辽阔,人情,最 (3)下,出,让 3.(1)∨ (2)∨ (3)∨ 4.(1)她流下了委屈的眼泪。(2)知识是一点一点积累起来的。(3)我想订一张去北京的往返机票。

제14과 1.(1)Ⓒ (2)Ⓑ (3)Ⓐ 2.(1)兼及,按,部 (2)向,回,在 (3)年龄,谁,起,来 3.(1)∨ (2)× (3)× 4.(1)老槐树给我幸福的童年带来了无穷的乐趣。(2)李时珍是明朝伟大的医学家和药物学家。(3)松鼠靠秋天收藏的松子在树洞里过日子。

제15과 **1.**⑴Ⓑ ⑵Ⓒ ⑶Ⓐ **2.**⑴《公羊传》,《谷梁传》,《左传》⑵来得及,接替,不过 ⑶能源,造成,改善 **3.**⑴× ⑵∨ ⑶× **4.**⑴每个人都有属于自己的秘密。⑵请严格按照说明书上的要求来做。⑶女儿把围巾忘在了幼儿园。

제16과 **1.**⑴Ⓐ ⑵Ⓒ ⑶Ⓑ **2.**⑴认为,然而,导致 ⑵统计,共,分为 ⑶养成,缺乏,效率 **3.**⑴∨ ⑵× ⑶∨ **4.**⑴可爱的海南岛必将变得更加美丽、更加富饶。⑵哥哥看了几场足球比赛以后对足球产生了极大的兴趣。⑶童年给我的生活带来了无限的欢乐。

제17과 **1.**⑴Ⓐ ⑵Ⓒ ⑶Ⓑ **2.**⑴孔子 ⑵请求,道德经 ⑶继承,道家 **3.**⑴∨ ⑵∨ ⑶∨ **4.**⑴他们从事服装行业。⑵她对角色的把握令人佩服。⑶这个电视剧取材于一个神话。

제18과 **1.**⑴Ⓒ ⑵Ⓐ ⑶Ⓑ **2.**⑴早,追溯,几乎 ⑵把,留,得以 ⑶培养,体验,兴趣 **3.**⑴∨ ⑵× ⑶∨ **4.**⑴举办奥运会是中国人的百年梦想。⑵清朝更是千年史学的总结时期。⑶老师让同学们轮流上讲台讲故事。

제19과 **1.**⑴Ⓒ ⑵Ⓑ ⑶Ⓐ **2.**⑴图腾,顶礼膜拜 ⑵由,养殖 ⑶条,弯,用来 **3.**⑴× ⑵∨ ⑶∨ **4.**⑴请您去柜台前登记一下。⑵他被那所名牌大学录取了。⑶一个拥抱比什么安慰的话都温暖。

제20과 **1.**⑴Ⓒ ⑵Ⓑ ⑶Ⓐ **2.**⑴给,在,活 ⑵正式,尊重,印象 ⑶影响,提供,合适 **3.**⑴∨ ⑵∨ ⑶× **4.**⑴圣诞节快到了,该选购圣诞礼物了。⑵小明看到屋里的墙上挂着一幅漂亮的山水画。⑶这只巨大的拦路虎一次次低下了高傲的头。

제21과 **1.**⑴Ⓑ ⑵Ⓒ ⑶Ⓐ **2.**⑴伏牺,炎帝,黄帝 ⑵尧,舜 ⑶夏禹,商汤,周文王,周武王 **3.**⑴∨ ⑵∨ ⑶× **4.**⑴这个理论被应用到很多领域。⑵世界上没有绝对完美的作品。⑶他们把聚会时间定在5月中旬。

제22과 1.⑴Ⓑ ⑵Ⓐ ⑶Ⓒ 2.⑴满,像 ⑵衣冠,礼乐 ⑶功能,缓解,吸收 3.⑴× ⑵∨ ⑶× 4.⑴象一幅沉着的样子继续悠闲走自己的路。⑵鲸的寿命很长，一般可以活到几十年甚至一百年。⑶我把草帽遮在脸上就睡着了。

제23과 1.⑴Ⓒ ⑵Ⓐ ⑶Ⓑ 2.⑴殷墟卜辞,商,占卜 ⑵象形,指事,会意,形声,假借 ⑶把持,号召,武乙射天 3.⑴× ⑵∨ ⑶× 4.⑴我们得立即采取措施。⑵要是能永远保持年轻就好了。⑶他的这段经历有很特殊的意义。

제24과 1.⑴Ⓑ ⑵Ⓒ ⑶Ⓐ 2.⑴丧失,掌握 ⑵无事,上,当 ⑶影响,因素,产生 3.⑴∨ ⑵∨ ⑶× 4.⑴一条清澈的小溪从村边缓缓地流过。⑵这场精彩的球赛吸引了大个子叔叔。⑶海洋公园是香港最著名的景点。

Appendix ❷

원문 해설 해석

제1과 儿童的启蒙教育一定要引起重视。如果有条件，家长要给孩子选择优秀的老师；老师要针对孩子的具体情况因材施教。例如，孔子的学生子夏向他请教什么是孝时，孔子回答说："色难"。给父母脸色看是子女常干的事，如果能够做到不给父母吊脸色就是孝顺了。"色难"有两层意思，一是脸色难看，二是不使脸色很难看。孔子的回答是专门针对子夏说的，可能子夏经常犯"色难"的毛病。其他学生如果没有这个缺点，说到孝时孔子就会换个说法。能够因人施教的老师才是最优秀的。

아이들의 계몽교육은 반드시 중요하게 다뤄져야 한다. 만약 여건이 허락된다면, 학부모는 아이에게 훌륭한 스승을 붙여줘야 하고, 스승도 아이의 구체적인 상황에 맞는 가장 적절한 방법으로 아이를 교육해야 한다. 예를 들어 보면, 공자의 제자 자하가 공자에게 '효'에 대해 가르침을 청했을 때, 공자는 "色难"이라고 대답했다. 부모에게 낯빛을 내비치는 일은 자녀들이 늘 하는 일이다. 만약 부모에게 안 좋은 낯빛을 내보이지 않을 수 있다면 그 자체가 부모에 대한 효도이다. "色难"에는 두 가지 뜻이 있다. 하나는 낯빛이 보기 안 좋다는 뜻이고, 다른 하나는 낯빛을 좋지 않게 보이지 않는다는 의미이다. 공자의 대답은 전적으로 자하를 염두에 둔 말이다. 아마 자하는 평소에 "色难"의 잘못을 자주 저질렀던 모양이다. 만약 다른 제자들에게 이런 잘못이 없었다면, 효를 이야기할 때 공자는 아마도 다른 화법으로 이야기했을 것이다. 구체적 상황에 맞는 적절한 방법으로 교육하는 스승이야말로 가장 훌륭한 스승이다.

要想认识汉字和读懂古文，还要掌握两个基本功，就是详训诂，明句读。"训诂"是针对识字说的，认识一个字要详细地了解这个字的字形、字音、字义。古人把研究字的形音义合起来称为训诂学，认为这才是一切学问的根基。在阅读古文的过程中，随着识字量的增加，从字的形音义三方面入手去识字的方法就会越来越熟练，阅读古文的能力也会越来越强。"句读"是针对阅读说的，相当于现代的标点符号。古人写文章都是一文到底，中间是不用标点符号的;认为一经圈点，文气容易被割断，文章也就失去了活气。

한자를 알고자 하고, 또 고문을 이해하고자 한다면, 두 가지 기본 능력을 갖춰야 한다. 바로 '훈고'를 자세히 하고, '구두'를 명석하게 하는 것이다. '훈고'는 한자 학습에 대한 말로, 한자 한 글자를 알기 위해서는 해당 글자의 자형, 자음, 자의에 대해 자세한 이해가 있어야 한다. 고대 사람들은 글자의 형, 음, 의 연구를 통틀어 훈고학이라 하고, 형, 음, 의 연구야말로 모든 학문의 기초라 여겼다. 고문을 읽다보면 아는 글자의 양이 많아지기 마련인데, 그럴수록 글자의 형, 음, 의, 세 측면을 활용하여 글자를 새로 알아가는 기술 또한 점점 능숙해지게 되고, 고문 독해 능력 역시 점차적으로 향상된다. '구두'는 독해를 두고 한 표현으로 지금의 문장부호와 유사하다. 고대 사람들은 문장을 쓸 때 처음부터 끝까지 중간에 문장부호를 전혀 사용하지 않았다. 원점이 들어가면 글의 기운이 쉬이 끊겨 문장 역시 활력을 잃는다고 여겼다.

句读的基本原则就是"语绝为句，语顿为读"；语气结束的地方就是一句话了，用圈 (句号)标记，没有结束的停顿叫读，用点 (逗号) 标记。孔子有一句话是："民可使，由之；不可使，知之。"意思是老百姓懂道理，就随他们去，为政者不要没事找事；老百姓不懂道理，就要教育他们，这是为政者的责任。可是有的人把孔子这句话句读为"民可使由之，不可使知之"，意思就变成"老百姓是用来驱使干活的，不能让他们学习知识懂得道理"了。这样就完全曲解了孔子的原话，因为孔子历来提倡"有教无类"，也就是人人都有受教育的平等的权利。可见正确的"句读"对于阅读和理解也是极为重要的基本能力。

구두의 기본 원칙은 "말이 끊어지는 곳이 '구', 말이 쉬는 곳이 '두'"이다. 어기가 종결되는 지점이 곧 말 한 마디이므로 원(마침표)을 찍어 표시했고, 종결이 아닌 쉬는 곳을 '두'라 해 점(쉼표)을 찍어 표시했다. 공자의 말 "民可使，由之；不可使，知之。"는 의미가 "백성들이 도리를 알고 있으면, 그들 나름대로 하게해야지 위정자가 없는 일도 만들어 내서는 안 된다. 백성들이 도리를 알지 못하면, 그들을 교화하는 것이 위정자의 책임이다"이다. 그러나 일부 사람들은 공자의 이 말을 "民可使由之, 不可使知之"로 끊어 읽었다. (이렇게 읽으면) 문장의 뜻이 "백성들은 부려 일을 시키는 대상으로 그들에게 지식을 배우고 도리를 알게 해서는 안 된다"로 변한다. 이는 공자의 원래 의미를 완전히 곡해한 것으로, 공자가 줄곧 주장해 온 '有教无类', 즉 사람들은 모두 교육받을 평등한 권리가 있다고 한 것과 전혀 다르게 된다. 정확한 구두 사용은 (고문을) 읽고 이해하는데 있어 매우 중요한 기본 능력이다.

제2과

要登高山必须从山脚爬起，要走远路必须从第一步迈起；读书求学，必须有一个良好的开端，才能打下坚实的基础。按中国的古礼，也就是周公之礼，小孩子六岁就读小学，十八岁束发，举行成人礼节后进入大学。小学教育先从生活规范开始，教学生先学习如何做人如何生活。概括起来就是学习"洒扫、应对、进退"。教会孩子从眼前的扫地抹桌子等小事做起，长大了才能做大事。小事做不来，应对之事就更成问题了。常有这样的孩子，你问他：贵姓？府上在哪里？他就回答：我贵姓某；我府上某地。这是他不懂得应对的礼仪。至于进退就更难了，一件东西该不该拿、一件事情该不该做，这些都是有学问的，要从小开始学。

높은 산을 오르기 위해서는 반드시 산 아래에서부터 올라야 하고, 먼 길을 가기 위해서는 반드시 첫 발부터 내디뎌 가야 한다. 학교를 다니고 학문을 익힘에도 반드시 좋은 출발이 있어야 비로소 견실한 기초를 다질 수 있다. 중국 고대의 '예', 즉 '주공의 예'에 의하면, 어린 아이가 여섯 살이 되면 초등학교에 다니고, 열여덟 살이 되면 상투를 틀고, 성년례를 지낸 다음에는 대학에 들어갔다. 초등학교 교육은 먼저 생활규범에서부터 시작된다. 학생들에게 우선 사람 됨됨이 교육과 생활교육부터 시킨다. 이를 정리하면 즉, 청소하는 법, 사람 대하는 법, 나서고 물러나야할 때는 아는 법 등을 공부하는 것이다. 아이가 마당 쓸고 책상 닦는 일 등 눈에 보이는 작은 일부터 하도록 가르쳐야 커서 비로소 큰일을 할 수 있다. 작은 일도 못해내면 (사람) 응대의 일은 더욱 문제가 된다. 누가 "성함이 어떻게 되세요?", "댁은 어디세요?" 라고 물어보면, "내 성함은 뭐요", "내 댁은 어디요"라고 대답하는 아이를 자주 볼 수 있다. 이는 아이가 응대의 예를 모름에서 비롯된다. 나서고 물러나야함에 이르러는 더욱 어렵다. 어떤 물건을 취해야하는지 그렇지 않아야 하는지, 어떤 일을 해야 하는지 하지 말아야 하는지의 결정은 모두 학식이 있어야 되므로, 마땅히 어려서부터 배워야 한다.

如见到长辈如何问候，到亲友家拜访该站还是该坐，站在哪里、坐在哪里等等都有规矩可学。传统的小学到八岁时开始学文字，背诵一些浅显的文章。此外，小学阶段还要接受"礼乐射御书数"的小六艺教育，也就是我们今天所说的德智体全面发展。礼是生活规范，乐是艺术修养，射是射箭健体，御是驾车骑马，书是习字书法，数是识数算术。

어른을 만났을 때 어떻게 인사드리고, 친척이나 친구 집을 방문할 때 서있어야 하는지 앉아야 하는지, 어느 위치에 서야 하고, 어느 위치에 앉아야 하는지 등등은 모두 예법에 의하기 때문에 (반드시) 배워야 한다. 전통적인 초등학교는 여덟 살이 되어 한자를 배우고 간단한 문장들을 외우기 시작한다. 이밖에 초등학교 단계에서는 '예, 악, 사, 어, 서, 수'의 육예 교육을 받아야 하는데, 이는 오늘날 이야기하는 지덕체 전인교육과도 같다. '예'는 생활규범, '악'은 예술 함양, '사'는 활쏘기를 통한 신체 단련, '어'는 마차 몰고 말 타는 것, '서'는 글자를 익히고 쓰는 것, '수'는 수를 배우고 셈하는 것이다.

这些内容学完了，就该读"四书"了。四书是 《大学》、《中庸》、《论语》、《孟子》。简单地说《大学》谈法，相当于方法论；《中庸》谈理，相当于认识论；《论语》、《孟子》是事例，由孔子和孟子分别演说"仁"和"义"。从传承上看，孔子传曾子，曾子著、《大学》；曾子传子思，子思著《中庸》。孟子是子思的传人，他的年龄比子思小了近百岁。南宋时期的大学问家朱子把这四部经典合在一起，才有了"四书"的名称；在元明清三代"四书"成为科举考试的标准，所以是少年学子的必读书目。

이 내용들을 다 배웠다면 이제 '사서'를 공부할 차례이다. 사서는《대학》,《중용》,《논어》,《맹자》를 말한다. 간단히 말하자면, 법치를 논한《대학》은 방법론에 가까우며, 이치를 논한《중용》은 인식론에 가깝고,《논어》,《맹자》는 사례로, 공자와 맹자가 각각 '인'과 '의'에 대한 논리를 펴고 있다. 계승적 측면에서 보면, 공자는 증자에 전수되어 증자가《대학》을 지었고, 증자는 자사에 전수되어 자사가《중용》을 지었다. 맹자는 자사를 계승한 사람으로 그의 나이는 자사보다 백 살 가까이 어렸다. 남송시기 대학자 주자가 이 네 경전을 함께 거론하면서 '사서'란 명칭이 생겨났다. 원, 명, 청 삼대에 '사서'가 과거 시험의 기준이 되면서 청년학자들의 필독도서가 되었다.

제3과

《论语》是孔子教育学生传播思想的记录，内容是孔子的学生记载圣人讲述为人处世和为政行仁的言论，其中既有孔子与学生的对话，也有学生之间的相互问答。

《논어》는 공자의 제자교육과 사상전파의 기록이다. 내용은 공자의 제자가, 성현이 말한 인간의 처세와 정치에 있어서 인의 실천에 대한 담론을 기술하고 있다. 그 중에는 공자와 제자간의 대화뿐만 아니라 제자들이 주고받은 문답도 실려 있다.

据说孔子去世以后，弟子和再传弟子为了纪念先师、勉励自己、教育后来的人，纷纷将自己的笔记拿出来挑选编排，第一次编了前十篇。后来许多远方的或未能参加选编的弟子们看了之后，认为编得不全，各人那里还有一些先师的言行没有编入，就又编了第二次，也就是后十篇。前十篇因是专门编辑，所以系统性比较强，篇篇都有主题，篇与篇也有联系。后十篇因是补编，相对来说不如前十篇编得那么严密。

전하는 바에 따르면 공자가 세상을 떠난 후, 제자와 제자의 제자들이 스승을 기념하고, (또) 스스로에 대한 면려와 후대 사람들에 대한 교육을 위해 각자 적어두었던 기록을 꺼내서 선별하여, 1차로 전10편을 펴냈다고 한다. 그 후 멀리 있었거나 혹은 선별 편찬 작업에 참여하지 못한 제자들이, (전 10편을) 보고 편찬이 완전하지 못하고 또 스승의 언행 가운데 미수록 부분이 여전히 있다고 여겨 재차 후10편을 편찬해냈다. 전10편은 전문적인 편찬이어서 비교적 체계적이다. 각 편마다 모두 주제가 있고, 편과 편 사이도 서로 연관되어 있다. 후10편은 보완편이어서 상대적으로 전10편만큼 그렇게 면밀하게 편찬되지는 못했다.

《论语》第一篇讲学习的重要性；第二篇讲学了做什么，治国平天下;第三篇讲治国要找出的主要社会问题，是混乱无序；第四篇讲治理无序的方法，是建立仁德；第五六篇讲建立仁德，要靠人才；第七篇讲人才的来源，要靠教育；第八篇讲孔子的教育理论是对古人的继承与总结；第九篇讲孔子博大精深的思想体系；第十篇讲孔子实践其思想的言行记录。后十篇主要记录孔子的政治实践与周游列国的情况。

《논어》 제1편은 학습의 중요성을 논했고, 제2편은 배우고난 다음 무엇을 해야 하는지, 즉, 치국평천하를 논하고, 제3편은 나라를 다스림에 있어서 집어내야하는 사회문제, 즉, 혼란과 무질서를 다뤘으며, 제4편은 무질서를 다스리는 방법, 즉, 인덕을 세우는 방법에 대해 제언하고 있다. 제5, 6편은 인덕을 세움에 있어서 의지할 것은 인재에 있음을 논하고, 제7편은 인재의 근원은 곧 교육에 있음을 제시하고 있으며, 제8편은 공자의 교육이론이 옛 성현에 대한 계승과 정리임을 밝혀주고 있다. 제9편은 공자의 넓고 깊은 사상체계에 대해 다뤘고, 제10편은 공자 스스로 그의 사상을 실천한 언행기록을 정리했다. 후10편은 공자의 정치실천과 주유열국의 상황을 주로 기록했다.

曾经有人评价孔子：中国文化若要以一个人为代表，只有孔子。了解孔子伟大思想的最佳途径就是阅读《论语》。

일찍이 누군가 공자를 평하길, "중국 문화를 만약 한 사람으로 대표해야 한다면, 공자뿐이다"라고 했다. 공자의 위대한 사상을 이해하는 가장 좋은 방법은《논어》를 읽는 것이다.

제4과

《孟子》这部书共有七篇文章，是孟子晚年与弟子万章、公孙丑等一起将自己的言论编辑而成。孟子的学说是对孔子学说的全面继承和发展。孔子谈仁，孟子便谈仁义；孔子谈德治，孟子便谈以德服人的王道；孔子以人为本，孟子以民为本。孟子还为孔子的"仁"的思想找到了理论基础，便是"人性善"的理论。人天性善，才有了爱人行仁的可能，才能进而发展到具备"仁义礼智"四德；人人天生都有善性，所以孟子说人人都可以成为尧舜那样的圣人。

《맹자》는 모두 일곱 편 문장으로, 맹자가 만년에 만장, 공손축 등 제자와 더불어 자신의 담론을 엮어 펴낸 책이다. 맹자의 학설은 공자 학설에 대한 전면적인 계승이자 발전이다. 공자가 인을 논했다면 맹자는 인의에 대해 주창했고, 공자가 덕치를 강조했다면 맹자는 덕으로써 백성을 이끄는 왕도에 대해 설파했다. 공자는 인간 본연을 근본으로 삼았고, 맹자는 백성을 근본으로 삼았다. 맹자는 공자의 '인' 사상에 이론적 기초, 즉 성선설 이론을 결합시켰다. 사람은 천성적으로 선하기 때문에 비로소 사람을 아끼고 인을 실천할 수 있는 가능성을 지니며, 나아가 인, 의, 예, 지 사덕을 구비하게 된다고 하였다. 사람은 저마다 모두 선한 본성이 있으므로 맹자는 사람들 모두가 요순임금 같은 성인이 될 수 있다고 보았다.

孟子曾经去说服齐宣王施行仁政。齐宣王虽然心里不服气，又找不出理由拒绝就应付说，我有个毛病是好色，没办法施行仁政。孟子说，好色有什么关系？男女活在世上都有欲望，谁不爱自己的女人呢？周文王的先祖太王也好色。如果您能将此心推广开，使国内没有孤男寡女，好色又怎么会影响您施行仁政呢？齐宣王又说，我还有个毛病，就是贪财。孟子回答说，贪财有什么不好？谁不爱财呢？周公的先祖公刘也爱财，他和百姓一起富国强兵。您如果也这么做，爱财和施行仁政还有矛盾吗？齐宣王又说，我喜欢听流行歌曲。孟子说，听什么歌曲并不重要，重要的是您独自一个人听呢，还是和别人一起听；是同少数人享受听歌的乐趣呢，还是同更多的人享受听歌的乐趣。如果您能同广大百姓一起享受，听歌又有什么不好呢？孟子就是这样一步步引导齐宣王接受自己的政治主张，不达目的决不罢休。

맹자는 일찍이 제나라 선왕에게 인의 정치를 시행하도록 설파한 적이 있다. 제나라 선왕은 비록 마음속으로 수긍하지는 않았지만, 그렇다고 거절할 이유도 못 찾아내어 마지못해 말하길, "나에게는 색을 가까이하는 버릇이 있어 인의 정치를 펼 수가 없소"라고 했다. 맹자가 말하길, "색을 가까이하는 게 무슨 상관입니까, 남녀가 세상에 살다보면 모두 욕정이 생기기 마련입니다. 누가 자신의 여자를 사랑하지 않는단 말입니까? 주문왕의 선조께서도 역시 색을 가까이 하셨습니다. 만약 왕께서 그런 마음을 널리 행하신다면, 나라 안에는 외로운 남녀가 사라질 것이옵니다. 색을 가까이하는 것이 왕께서 인의 정치를 펴는데 어찌 영향이 있다고 하겠습니까?" 제나라 선왕이 또 말하길, "나에게는 또 하나의 버릇이 있소, 그건 재물을 탐하는 것이오." 맹자가 대답해 말하길, "재물을 탐하는 게 뭐 나쁠 게 있겠습니까? 누가 재물을 좋아하지 않습니까? 주공의 선조이신 공유도 재물을 아끼며 백성들과 함께 부국강병을 이루셨습니다. 왕께서도 만약 그렇게 하실 수만 있다면, 재물을 아끼는 것과 인의 정치를 펼치는 데에는 아무런 문제가 없습니다." 제나라 선왕이 또 말하길, "나는 유행가곡을 듣는 것을 좋아합니다."라고 했다. 맹자가 말하길, "무슨 가곡을 듣느냐는 중요하지 않습니다. 중요한 것은 왕께서 혼자만 듣는 것이냐 아니면 다른 사람들과 함께 듣느냐의 문제이고, 몇몇 적은 수의 사람들과 노래 듣는 즐거움을 누리느냐, 아니면 더 많은 사람들과 함께 노래 듣는 즐거움을 누리느냐의 문제입니다. 만약 왕께서 많은 백성들과 함께 즐기실 수 있다면 노래를 듣는 것이 무슨 잘못이라고 하겠습니까?" 맹자는 이런 방법으로 차근차근 제나라 선왕이 자신의 정치주장을 받아들이도록 이끌었다. 목표에 이르지 않으면 절대 중간에 그만두지 않았다.

《孟子》，文风雄劲刚强、文采飞扬，说理透彻、有条不紊，对后世的影响非常大。

《맹자》는 글의 풍격에 힘이 넘치고 굳으며 문체가 화려하다. 이론 전개에 빈틈이 없고 언어 표현 역시 조리 있고 반듯하다. 《맹자》의 후세에 대한 영향은 매우 크다.

제5과

《中庸》这篇文章是子思作的。孔子19岁结婚，20岁生下孔鲤，当时鲁昭公送了一条鲤鱼前往祝贺，所以孔子为他取名为鲤。孔鲤一生平平淡淡，活了50岁，在孔子70岁时就去世了。但孔鲤的儿子孔伋 (字子思) 非常了不起，他小时候看见祖父独自长叹就问祖父，您是担心祖业儿孙不能继承呢，还是羡慕尧舜而抱憾自己不如他们呢？

《중용》은 자사가 지었다. 공자는 열아홉 살에 결혼하고 스무 살에 공리를 낳았다. 당시 노나라 소공이 잉어 한 마리를 보내 축하했는데, 이 일로 공자는 아들 이름을 '리'로 지었다. 공리의 일생은 평범했다. 50세까지 살다가 공자 나이 70세 때 세상을 떠났다. 그러나 공리의 아들 공급(자 자사)은 매우 뛰어난 인물이었다. 어렸을 때 할아버지가 홀로 탄식하는 것을 보자, "할아버지께서는 집안 과업이 아들, 손자 손에 이어지지 못할까를 걱정하시는 겁니까, 아니면 요순임금을 흠모한 나머지 할아버지 스스로 그에 미치지 못함을 책망하고 계시는 겁니까?"라고 물었다.

孔子说，你一个小孩子哪里知道我的志向啊。孔伋又说，我常听您说，做父亲的劈柴，儿子不能背负就是不孝；我往往想到这里就害怕，怕耽误了帮父母做事，一点也不敢松懈。孔子高兴地说，你能说出这样的话，祖业大概可以昌盛了。孔子去世时，孔伋才6岁，没能聆听孔子的教诲。后来孔伋跟孔子的弟子曾参学习，最终成为一代大思想家。孔伋的弟子又将他的思想传给孟子，成就了另一位圣人。

공자가 말하길, "어린 네가 어찌 내가 뜻한 바를 알겠느냐?"라고 했다. 공급이 말하길,

"할아버지께서 제게 자주 말씀하시길, 아버지 된 자가 장작을 패는데 아들이 (그 장작을) 짊어지지 않으면 그건 불효라고 하셨습니다. 저는 이 말씀을 생각할 때마다 두려운 마음이 들어, (행여) 부모님 돕는 일에 게을리 하지 않았는지 걱정되어 조금도 마음을 놓을 수가 없습니다." 공자가 기뻐하며 말하길, "네가 이런 말을 다 하다니 집안의 과업이 번성하겠구나." 공자가 세상을 뜰 때 공급은 겨우 여섯 살이어서 공자의 가르침을 제대로 받지는 못했다. 나중에 공급은 공자의 제자 증삼에게 배워 훗날 한 시대를 대표하는 사상가가 되었다. 그리고 공급의 제자가 공자의 사상을 맹자에게 전하면서 또 하나의 성현이 탄생했다.

中庸的思想也是来自于孔子。孔子著了一部史书，叫《春秋》。为什么叫春秋呢？这里有取中的意思：冬天冷，夏天热，温度不适中；冬日短，夏日长，日照不适中，都不合乎取中的思想。只有春秋不冷不热，白天黑夜差不多；取中就有了评判历史的思想标准，所以叫《春秋》。可见中就是中立的意思，不偏不倚公平公正。庸是庸常的意思，就是平平常常普普通通。平常才能长久，普通才是伟大。平常人往往不知足不知止，追求越高越好。其实高处没有路只有险，高处没有温只有寒。老老实实做人，踏踏实实做事，人可以幸福长寿，民可以和谐有序，国可以长治久安。

중용의 사상 또한 공자로부터 비롯된다. 공자는《춘추》라 불리는 역사서를 저술했다. "춘추"라 한 데에는 '취중'의 의미가 담겨있다. 겨울은 춥고 여름은 더워서 온도가 적절치 못하고, 겨울은 짧고 여름은 길어서 일조량이 적절치 못하다. 모두 '취중'의 사상에는 부합되지 않는다. 봄과 가을만이 춥지도 않고 덥지도 않으며 낮과 밤이 거의 비슷하다. '취중'에는 역사를 평가하는 사상적 근거가 있으므로,《춘추》라 불렀다. 이로 볼 때, '중'은 중립의 의미로, 치우치지 않고 한곳에 기대지 않으며 공평하고 공정하다는 의미를 담고 있다. '庸'은 범상의 의미로, 늘 그러하고 평범함을 나타낸다. 늘 그러함이야말로 오래 지속될 수 있고, 평범함이야말로 위대한 것이다. 범상한 사람들은 종종 만족함을 모르고 그칠 줄을 몰라 더 높고 더 좋은 것만을 추구하기 마련이다. 사실 높은 곳에는 길이 없고 오직 위험만이 존재하며, 높은 곳에는 온기라고는 없고 오직 냉기만 있을 뿐이다. 성실하게 살고 착실하게 일한다면, 사람 개개인은 행복하게 오래살 수 있고, 백성들 사이에서도 조화로운 질서가 생겨, 나라는 오랫동안 평안하게 다스려질 수 있다.

제6과

《大学》的作者是孔子的弟子曾子，他是孔子弟子中年龄最小的一个，比孔子小46岁。曾子的父亲曾点也是孔子的学生。曾子以孝著称，年轻时耕田务农侍奉父母，中年到楚国等地做过官，晚年著书讲学，相传也有70多个弟子。《大学》的主要内容是修身、齐家、治国、平天下。

《대학》의 저자는 공자의 제자 증자이다. 그는 공자의 제자 가운데 나이가 가장 어리다. 공자에 비해 마흔 여섯 살이나 적다. 증자의 아버지 증점 또한 공자의 제자다. 증자는 효로 유명하다. 젊었을 때에는 밭을 갈고 농사일을 하며 부모님을 모셨고, 중년에 이르러서는 초나라 등지에서 관직을 지냈으며, 만년에는 책을 짓고 학문을 강연했다. 전하는 바에 의하면 제자도 70명에 이른다고 한다. 《대학》의 주요 내용은 수신, 제가, 치국, 평천하이다.

古人将《大学》的核心归纳为三纲领八条目。三纲领：一、读书的目的是要使人内心的真善美显现出来；二、彰显美好的品德使百姓愿意亲近你并接受你的感化；三、坚持下去你就能达到至善至美的境界。八条目分别是：寻求每一样具体事物的道理；研究具体事物的道理，进而认识万物的本质规律；在众人面前是什么样子，自己独处时也是什么样子；要学会控制自己的各种情感，而不过分发泄；修养身心，调整言行；教育感化家族成员；而后你才能具备治理一国的能力；最后你才能使天下太平和谐。《大学》是中国的政治哲学，修身、齐家、治国、平天下几乎是所有中国传统读书人的人生追求，对中国文化的影响非常深远。

고대 사람들은《대학》의 핵심 내용을 3강령 8조목으로 귀납 정리했다. 3강령은, 첫째, 책을 읽는 목적은 인간 내면의 진, 선, 미를 밖으로 표출하게 하는데 있고, 둘째, 아름다운 품덕을 내보임으로써 백성들이 당신에게 다가가고 또 당신의 감화를 수용하기를 원하도록 하며, 셋째, (이를) 계속해서 유지해나감으로써 당신이 최고의 선과 최고의 미의 경지에 이르도록 하는 데 있다. 8조목은 각각, 물건 하나하나의 구체적 사물에 대한 도리 탐구, 구체적 사물의 도리 연구 및 만물의 본질적 규율 인식, 사람들 앞에서의 모습과 자기 혼자 있을 때의 모습, 자신의 복합적 감정 통제 학습을 통한 과다 표출 금지, 심신 수양 및 언행 구사, 가족 구성원에 대한 교육적 감화, 이상 내용을 바탕으로 한 국가 통치 능력 구비, 최종적 천하태평성세 구현이다. 《대학》은 중국의 정치철학이다. 수신, 제가, 치국, 평천하는 거의 중국 역대 학자들이 추구하는 인생 가치로, 중국 문화에 대한 영향력이 매우 크다.

제7과

《三字经》是在"四书"之后才提到《孝经》的，但古人读书却是要先读《孝经》，这是按照"首孝悌，次见闻"的教学顺序来安排的。《孝经》是曾子问孝，孔子回答；后来曾子在讲学时与弟子们讨论研究，再由弟子们整理而成。

《삼자경》은 사서 뒤에 비로소《효경》을 언급하고 있지만, 고대 사람들은 공부할 때 오히려《효경》을 먼저 읽어야했다. 이는 '효제가 먼저고, 견문은 그 다음이다'의 교학 순서에 의한 안배이다. 《효경》은 증자의 효에 대한 물음과 공자의 답변이다. 후에 증자가 학문을 강연할 때 제자들과 토론하고 연구한 내용을 제자들이 다시 정리해 펴냈다.

《孝经》十八章，只讲了一个问题，就是"孝"。其主要内容又分为三个方面：第一章开宗明义，讲孝道的主旨；第二章到第六章讲天子、诸侯、卿大夫、士、庶人五种人不同的孝；第七章到结尾，讲推行孝道对于治国平天下的巨大力量。

《효경》은 18장으로, 오직 한 가지 문제, 즉, '효'에 대해서만 논했다. 주요 내용은 세 측면으로 나뉘는데, 제1장은 효경의 주요 내용과 사상으로, 효도의 핵심부분을 논하고 있고, 제2장에서 제6장까지는 천자, 제후, 경대부, 사, 서인, 다섯 부류 사람의 각기 다른 효에 대해 정리하고 있으며, 제7장부터 마지막까지는 효의 실행이 치국평천하에 대한 거대한 역량임을 밝히고 있다.

学习《孝经》，实行孝道，一定要结合自己在家庭、在学校、在单位、在社会上的身份来思考具体该怎么做，这样你才能把敬父母、敬师长、敬上级、敬领导的每一个细节做好。孝顺父母尊敬长辈也应该分辨是非。古时有一个当父亲的，有一天看到别人家的羊跑到自家的院子里就关上门扣留下来。他儿子发现后就去告发了这件事。这个儿子的做法对不对呢？举报父亲的非法所得，虽然并不错；但从孝道来说，看到事情发生应劝父亲停止错误做法，看到既成事实应劝父亲给失主送回去，即使报官也应劝父亲前去自首。只有这样才是对父亲的真正爱护，才是真正的孝道。而如果帮助父亲把羊藏起来，那便是愚孝，是跟着父亲共同犯错误。

《효경》학습과 효도 실행에는 반드시 자신의 가정, 학교, 직장, 사회에서의 신분을 고려해 구체적으로 어떻게 실천해야 하는지를 생각해야 한다. 그래야만 비로소 부모에 대한 공경, 스승에 대한 공경, 상급자에 대한 공경, 리더(보스)에 대한 공경에 있어서 사소한 부분 하나 하나까지도 잘할 수가 있다. 부모에 효도하고 웃어른을 존경하는 데에도 옳고 그름은 분별해야 한다. 옛날에 한 아비 된 자가 하루는 남의 집 양이 자기 집안으로 들어온 것을 보고는 문을 잠그고 가둬버렸다. 그의 아들이 발견하고 즉시 이 일을 고발하였다. 아들의 행동은 과연 옳은 것인가? 아버지의 불법 소득을 신고한 것은 비록 잘못이 아니지만, 효도 차원에서 본다면, 일이 일어나는 것을 목격했으면 아버지가 잘못된 행동을 그만 두도록 권유했어야 했고, 일이 이미 일어났으면 아버지가 잃어버린 주인에게 되돌려 주도록 납득시켜야 했다. 설령 관에 신고를 하더라도 아버지가 직접 자수를 하도록 설득했어야 했다. 이렇게 했어야 비로소 아버지에 대한 진정한 사랑, 진정한 효도라고 할 수 있겠다. 만약 아버지를 도와 양을 숨겼다면, 그것이야말로 어리석은 짓으로 아버지를 따라 같이 잘못을 저지른 것이다.

先把《孝经》的思想融会贯通了，再熟读"四书"学习做人处事的道理，有了这些做学问的基础，然后就能学习比较深奥的典籍——"六经"了。

먼저《효경》사상을 여러 측면에서 통달한 다음, '사서'를 읽으며 처세와 일 처리의 도리를 학습해야 한다. 이러한 학문의 기초가 다져진 후 비교적 심오한 전적(경전)인 '육경'을 공부할 수 있다.

제8과

《诗经》、《书经》、《易经》、《仪礼》、《周礼》、《春秋》合称为"六经", 凡是有志于读书的人都应当仔细研习, 探求其中的道理。"六经"占了中国文化史上的六个第一: 《诗经》是中国第一部诗歌总集; 《书经》也叫《尚书》是中国第一部历史文献; 《易经》是中国第一部经典, 后世的诸子百家, 一切学问都根源于此; 《周礼》是中国第一部组织管理与典章制度的专著; 《礼经》是中国第一部文化资料汇编; 《春秋》是中国第一部编年史。后世排除 《周礼》之后称为"五经", 又与"四书"合并称作"四书五经"。

《시경》, 《서경》, 《역경》, 《의례》, 《주례》, 《춘추》를 합쳐 '육경'이라 한다. 학문에 뜻을 둔 사람이라면 모두 마땅히 면밀하게 연구하고 익히며 그 속의 도리를 탐구해야 한다. '육경'은 중국 문화사에 있어서 여섯 분야의 으뜸이다. 《시경》은 중국 최초의 시가 총집이다. 상서라고도 불리는 《서경》은 중국 최초의 역사문헌이다. 《역경》은 중국 최초의 경전으로, 훗날 제자백가의 모든 학문은 역경에서 비롯되었다. 《주례》는 중국 최초로 조직관리 및 전장제도를 전문적으로 기록한 문헌이고, 《예경》는 중국 최초의 문화자료 총집이며, 《춘추》는 중국 최초의 편년체 역사서이다. 후대에 《주례》를 빼고 '오경'이라 하였고, 다시 '사서'와 합쳐 '사서오경'으로 불렸다.

什么叫做"经"呢? 经的本意是织布的纵丝, 织布的横丝叫纬。织布时要先把纵丝固定, 再织横丝。纵丝对于织物有类似规定限制的作用, 因此经就引申为规范、原则的意义。规范原则代表权威, 所以经书就指有权威的书。

'경'이란 무엇인가? 경의 본뜻은 베를 짤 때의 날실을 말한다. 베를 짤 때의 씨실은 '위'라고 부른다. 베를 짤 때 우선 날실을 고정시킨 다음 다시 씨실을 엮는다. 날실은 직물에 대해 기준을 규정하는 역할 비슷하게 한다. 그러므로 경은 그 의미가 확대되어 규범,

원칙의 의미를 갖게 되었다. 원칙을 맞게 세우는 것은 권위를 대표하므로, 경서는 곧 권위를 지닌 책이란 의미이다.

“六经”是孔子编辑修订的。孔子54岁开始周游列国，68岁时回到鲁国，深深感到与其到处去宣讲自己的思想而不被接受，不如把这些东西整理编辑出来传给后人。《诗经》、《书经》、《仪礼》，孔子中年便开始整理，到晚年定稿。《乐经》、《易经》、《春秋》是孔子晚年整理编写的。修订“六经”，可以说是孔子一生中最伟大的工作。需要说明的是《乐经》于秦始皇焚书后失传，宋朝人又补充上《周礼》仍称为“六经”。

“육경”은 공자가 엮어 펴냈다. 공자는 쉰네 살 때 주유열국을 시작해 예순 여덟 살 세 때 노나라로 되돌아왔다. 여러 곳을 다니며 자신의 사상을 펼치다가 받아들여지지 않느니, 차라리 이것들을 책으로 펴내 후세에 전하는 것이 낫겠다고 굳게 여겼다. 《시경》, 《서경》, 《의례》는 공자가 중년에 정리하기 시작해 만년에 완성했고, 《악경》, 《역경》, 《춘추》는 공자가 만년에 정리해 펴냈다. ‘육경’ 편찬은 공자 일생에 있어서 가장 위대한 업적이라 할만하다. 부연 설명해야할 것은 《악경》이 진시황의 분서로 전승이 끊겼다는 것과 (훗날) 송나라 사람이 여기에 주례를 더해 (명칭을) 계속 육경이라 했다는 점이다.

제9과

《易经》是六经中最早的一部。夏朝时的易经叫连山，商朝时的易经叫归藏，周朝时的易经叫周易。“连山”和“归藏”已经失传，后人谈到“易经”就仅指周易了。“易”字的本意是指蜥蜴，蜥蜴会变色，所以易就是变化的意思。

《역경》은 육경 가운데 (편찬이) 가장 이른 책이다. 하나라 때의 역경은 ‘연산’이라 불렸고, 상나라 때의 역경은 ‘귀장’이라 하였으며, 주나라 때의 역경은 ‘주역’이라 칭했다. ‘연산’과 ‘귀장’은 모두 전하지 않는다. 후세의 ‘역경’이라 함은 바로 ‘주역’을 가리킨다. ‘역’자의 본래 의미는 장지뱀을 가리키는 말로, 장지뱀은 몸 색깔을 변화시킬 수 있으므로 ‘역’이 변화의 뜻을 가지게 되었다.

《易经》就是研究变化的一部经典，变化之中又有简易、变易、不易三个原则。简易，宇宙是最简单的，万物都可以用阴阳来推断；变易，宇宙时时刻刻在变化之中永不停止；不易，运动变化的规律却又是永恒的不变的。这就是"三易"的含义了，将"三易"的精神领会了，《易经》也就能把握了。

《역경》은 바로 변화를 연구한 경전이다. 변화에는 다시 '간역', '변역', '불역', 세 원칙이 존재한다. '간역'은 우주는 가장 간단한 존재로 만물은 모두 음양으로 미루어 판단될 수 있다는 의미이다. '변역'은 우주는 시시각각 변화하는 가운데 영원히 멈추지 않는다는 의미이다. '불역'은 운동변화의 규율은 도리어 영원한 것으로 변화하지 않는다는 의미이다. 이게 '삼역'의 내재 의미로, '삼역'의 정신을 통달할 수 있다면 역경 또한 능히 장악할 수 있다.

《易经》的根本精神就是教人认识天道（宇宙万物的变化运行规律），并用天道来认识和指导人道。但是空谈天道，又恐怕难以引起人们的兴趣，所以圣人借占卦的形式来吸引人们的眼球，因为人人都非常渴望了解未来是什么样子的。《易经》以其丰富的内容、深邃的思想、博大的智慧，在汉代就被尊为群经之首，对中国文化影响至深，其中所构建的天人合一的宇宙观更是中国一切学问的基础。

《역경》의 근본정신은 바로 사람들로 하여금 하늘의 도리(우주 만물의 변화 운행 규율)를 알게 하고, 나아가 천도를 통해 사람의 도리를 인식시키고 또 지도하는 것이다. 그러나 하늘의 도리를 헛되이 이야기하면 사람들의 흥미를 불러일으키기가 어려울 수도 있으므로, 성현들은 점괘의 형식을 빌려 사람들의 이목을 집중시켰다. 왜냐하면 사람들은 미래가 어떤 모습인지 알기를 원했기 때문이었다. 《역경》은 풍부한 내용, 심오한 사상, 광대한 지혜를 바탕으로 한나라 때 이미 경전의 으뜸으로 추존되었다. 중국 문화에 대한 영향이 매우 깊으며, 그 속에서 내세워진 천인합일의 우주관은 더더욱 모든 중국 학문의 기초가 되었다.

제10과 《书经》又名 《尚书》，是上古之书的意思，是虞、夏、商、周四朝政论文献的汇编，故依朝代划分为四个部分。典、谟、训、诰、誓、命，是《书经》文献的六种体裁。"典"是帝王受命之书；"谟"是大臣为君王出谋献策的言辞；"训"是大臣劝勉君王修正不足的文辞；"诰"是君王对臣民发出的号令；"誓"是君王在出师打仗前告诫将士的言辞；"命"是国君向大臣下达的命令。这六类文献蕴含着古代圣王治理天下的方法和规律，这就是《书经》的奥妙之处。《书经》里面共收录了六大类、五十八篇文章，类似今天的官方文件文体样本汇编，供各类学生学习掌握，以备将来做官之后懂得如何起草公文。

《서경》은 다른 이름으로《상서》라 불린다. 상고시대의 책이란 뜻으로, 우, 하, 상, 주, 네 왕조의 정론 문헌 총집이다. 그러므로 왕조에 따라 네 부분으로 나뉜다. '전', '모', '훈', '고', '세', '명'은《서경》 문헌의 여섯 체재이다. '전'은 제왕이 명을 받은 바를 기록한 책이고, '모'는 대신들이 군왕에게 제시한 책략의 언사이며, '훈'은 대신들이 군왕에게 부족한 부분을 수정하도록 권고한 문사이다. '고'는 군왕이 신하와 백성에게 보낸 명령서고, '서'는 군왕이 전쟁 출사 전에 장수들에게 훈계한 언사이며, '명'은 나라의 임금이 대신들에게 하달한 명령이다. 이 여섯 문헌은 고대 성왕이 천하를 다스리는 방법과 규율을 담고 있는데, 이 점이《서경》의 가장 뛰어난 특징이다.《서경》은 크게 여섯 분야, 쉰여덟 편의 문장을 싣고 있다. 오늘날의 정부 문건 및 문체 모음집과 유사해, 여러 분야의 학생들이 학습한 후 터득하게 하여 장차 관료가 되어 공문서를 어떻게 기안하는지에 대한 능력을 미리 갖추도록 하고 있다.

제11과 周公，姓姬名旦，是周文王的四子，周武王的亲弟弟。武王讨伐商纣建立周朝以后病逝，13岁的成王即位。小孩子怎么治理国家呢？只好由叔叔周公协助理政。周公不但理政治国，还整理了周以前的文化，建立了法规制度、确定了国家体制，开创了周朝八百年的基业。

주공은 성이 희, 이름은 단으로, 주문왕의 넷째 아들이자 주무왕의 친동생이다. 무왕이 상나라 주왕을 토벌하고 주 왕조를 건국한 후 병으로 서거하자, 열세 살 성왕이 즉위하였다. 어린 아이가 국가를 어떻게 다스리겠는가? 숙부인 주공이 정치를 도와 협력할 수

밖에 없었다. 주공은 정치를 주관하며 나라를 다스리는 한편, 주나라 이전의 문화를 전반적으로 정리하였다. 법규제도를 세우고 국가 체제를 확립하며 주나라 800년 기틀을 마련하였다.

《周礼》一书分为"天、地、春、夏、秋、冬"六章，设计了六部官制的政府机构，每一官制下再设不同的官职，每一官职都规定了具体的职务条例。这样就奠定了中国的政治体制和行政体系，而六部制的行政体系一直沿用至今。"六官"分别为：天官，称作冢宰，为六官之首，主管朝廷及宫中事务，相当于后世的宰相；地官，称作司徒，主管土地户口农业财政等，相当于户部；春官，称作宗伯也就是礼官，主管祭祀外交礼仪等，相当于礼部；夏官，称作司马，主管军队，相当于兵部；秋官，称作司寇，主管司法刑律等，相当于刑部；冬官，称作司空，主管百工及土木建筑，相当于工部。以上六官又称六卿。直到今天政府的组织管理体制仍然没有太大的变动，"著六官，存治体"所言不虚。

《주례》는 '천', '지', '춘', '하', '추', '동', 여섯 장으로 나뉜다. (이로써) 육부관제의 정부 기구를 창설했다. 관제마다 하위에 서로 다른 관직을 두었고 관직마다는 구체적인 직무조항을 규정했다. 이렇게 함으로써 중국의 정치체제 및 행정체계의 기틀이 세워졌다. 육부체제의 행정체계는 현재까지도 계속해서 사용되고 있다. 육관은 각각, 천관, 총재라 불리며 육관의 으뜸이다. 주로 조정과 궁정 사무를 관장하며 후세의 재상에 해당한다. 지관은 사도라 하고, 주로 토지, 호구, 농사, 재정 등을 관장하며 호부에 해당한다. 춘관은 종백이라 불리는 예관으로 주로 제사, 외교, 의전 등을 관장한다. 예부에 해당한다. 하관은 사마로 불리며 주로 군대를 관장한다. 병부에 해당한다. 추관은 사구라 하며, 주로 사법, 형률 등을 관장한다. 형부에 해당한다. 동관은 사공으로 일컬으며, 주로 백공(기술자, 장인) 및 토목건축을 관장한다. 공부에 해당한다. 이상 육관은 다른 이름으로 육경이라 칭하기도 한다. 오늘날의 정부 조직관리 체제에 이르러도 그리 큰 변화가 있지는 않다. "여섯 관직을 두고 다스림의 체재를 마련했다."란 말이 허구는 아니다.

제12과 儒家关于礼仪的典籍有三部，即周公所作《周礼》、孔子所编《仪礼》、大小戴编注的

《礼记》。《礼记》是一部资料汇编性质的书，记录了秦汉以前各大圣贤的思想和言论，特别是孔子关于礼仪规范方面的言论。其书内容丰富，涉及政治、经济、哲学、教育、社会，乃至医药卫生等诸多方面。"四书"中的《中庸》与《大学》就是《礼记》中的两篇文章。因为是孔子的弟子与一些汉代学者为礼仪而记，故称为 《礼记》。整理和注释《礼记》的是西汉学者戴德 (大戴) 和戴圣 (小戴)叔侄二人。后人又加入《乐记》一篇，才成为礼乐具备。

유가의 '예의'에 관한 경전은 모두 세 권이 있다. 주공이 지은《주례》, 공자가 편찬한《의례》, 대소대가 펴내고 주석을 단《예기》가 그것이다.《예기》는 자료 모음집 성격의 책으로, 진한시기 이전의 대표 성현들의 사상과 언사를 기록하고 있는데, 특히 공자의 예의규범 측면에 관한 언사를 수록하고 있다. 책 내용이 매우 풍부하여 정치, 경제, 철학, 교육, 사회에서 의약, 위생에 이르기까지 여러 방면의 주제를 담고 있다. "사서" 중《중용》과《대학》은 바로《예기》에 실린 문장이다. 공자 제자 및 일부 한나라 학자들의 '예의'를 위한 기록이므로《예기》라 칭했다.《예기》를 정리하고 주석을 단 사람은 서한 시기 학자로 숙질지간인 대덕(대대)과 대성(소대) 두 사람이다. 후대 사람이 다시《악기》 한 편을 더함으로써 예악이 구비되었다.

《礼记》所讲的礼仪甚多，概括起来有五大类，即祭礼、凶礼、宾礼、军礼、嘉礼。祭礼就是祭祀之礼，古人认为祭祀是国家大事，故列为五礼之首。古时祭祀的对象包括祖先、天地、日月、风雨、社稷、山川等。凶礼是丧葬之礼，包括对死于各种天灾战乱的人的哀悼。宾礼就是朝拜觐见之礼，如天子接见，诸侯互访会盟等。军礼是与军事相关之礼，如出师、报捷、凯旋、检阅、演练等。嘉礼指标志成人的冠礼、男娶女嫁的婚礼、饮酒宴席的礼节等。《礼记》中的礼仪有很多已经被我们世世代代沿袭下来，当作风俗习惯而成为共同遵守的仪式。

《예기》에서 논하고 있는 예의는 매우 다양하다. 개괄적으로 크게 다섯 종류가 있는데, 제례, 흉례, 빈례, 군례, 가례이다. 제례는 제사의 예를 말한다. 옛사람들은 제사를 국가 대사라 여겨 오례의 으뜸에 두었다. 옛날 제사의 대상은 선조, 천지, 일월, 풍우, 사직, 산천 등을 포함한다. 흉례는 상장의 예로, 각종 재난과 전란으로 숨진 사람들에 대한 애도를 포함한다. 빈례는 배알, 알현의 예로, 예를 들면, 천자의 접견, 제후의 상호 방문 및 회맹 등을 말한다. 군례는 군사와 관련된 예로, 출사, 전승보고, 개선, 열병, 훈련 등이 있다. 가례는 성인임을 상징하는 관례, 남녀의 혼례, 연회석상의 예절 등을 말한다. 《예기》중의 '예의' 상당 부분은 이미 대대손손 계속해서 이어져오고 있다. 풍속습관으로써 함께 지켜나가야 할 의식이 되었다.

제13과

《诗经》是中国古代第一部诗歌总集，共305篇，又称诗三百。文献记载上古有诗三千余首，经孔子整理收录了周初至春秋中期的311首诗歌，秦始皇焚书以后有6篇再也找不到了。今天见到的只有305篇。

《시경》은 중국 고대 최초의 시가 총집이다. 모두 305편으로 되어 있어 다른 이름으로 '시삼백'이라고도 한다. 문헌에는 상고시기에 시 3천여 수가 있었으며, 공자의 정리를 거쳐 주나라 초기부터 춘추 중엽까지의 詩歌 311수를 수록하였고, 진시황 분서 이후 (그 중) 여섯 편이 완전히 유실되었다고 기록하고 있다. 오늘날 볼 수 있는 건 305편뿐이다.

《诗经》分为"风雅颂"三类。"风"是各诸侯国的民歌，所以又称"国风"，如卫风、齐风、郑风等。"雅"是正乐之歌，包括觐见天子的大雅，以及诸侯宴请天子的小雅。"颂"是宗庙祭祀用的乐章，如周颂、鲁颂、商颂。国风、大雅、小雅和颂，称为四诗，其中最有价值的是"国风"。

《시경》은 '풍', '아', '송' 세 부분으로 나뉜다. '풍'은 여러 제후국의 민가로, 다른 이름으로 '국풍'이라고도 한다. 예를 들면, '위풍', '제풍', '정풍' 등이 있다. '아'는 정악으로, 천자를 알현하는 '대아'와 제후가 천자를 연회에 모실 때의 '소아'를 포함한다. '송'은 종묘사직에 사용하는 악장이다. 예를 들면, 주송, 노송, 상송이 있다. '국풍', '대아', '소아'와 '송'을 '사시'라 칭하는데, 그 가운데 가치가 가장 높은 것은 '국풍'이다.

周朝地域辽阔，交通不便，周天子要了解各地的风土人情吏治情况，最直接的方法就是从各地的民歌民谣中了解。因此，周朝命诸侯国派专人采集本国的民歌民谣，定期上报天子，称为“采诗”或“采风”。国风来自于民间，诗歌内容丰富多彩，有劳者之歌、行役之怨、情诗恋歌、国家兴亡、男女婚姻等，从不同的角度反映了当时的人民生活、风俗习惯和社会状况。

주 왕조는 영토가 넓고 교통이 불편했다. 주나라 천자가 각지의 풍습, 인심, 다스림 정황을 알기 위한 가장 직접적인 방법은 각지의 민가, 민요를 통해 이해하는 것이었다. 그렇기 때문에 주나라 조정은 제후국으로 하여금 전문가를 파견해 자국의 민가와 민요를 채집하고 이를 정기적으로 천자에게 보고하도록 명령하였다. 이를 '채시', 혹은 '채풍'이라 한다. 국풍은 민간으로부터 비롯되었으므로 시가 내용이 풍부하고 다채롭다. 일꾼의 노래, 부역에 대한 원망, 남녀의 사랑을 담은 시와 노래, 국가의 흥망, 남녀의 혼인 등 여러 각도에서 당시 대중들의 생활상, 풍속습관 및 사회상황을 잘 반영하고 있다.

《诗经》中的诗歌以四言为主，普遍运用“赋比兴”的表现手法。赋，是直接描写事物、叙述情节、抒发感情；比，是用比喻的方法来抒情状物，用浅显常见的事物来描写抽象的思想感情；兴，是先说其他事物，来引起所歌咏的对象。《诗经》里有不少篇章描写生动有趣，语言朴素优美，音节自然和谐，富有艺术感染力。《诗经》对后世的文学发展影响深远。

《시경》의 시가는 四言 위주다. 보편적으로 "부, 비, 흥"의 표현법을 운용하고 있다. '부'는 사물을 직접 묘사하고 정감을 서술하면서 감정을 토로하는 표현법이고, '비'는 비유의 방법으로 정감과 사물을 나타내고, 또 쉽고 흔히 볼 수 있는 사물을 이용해 추상적인 사상과 감정을 묘사해내는 표현법이다. '흥'은 먼저 다른 사물을 이야기하면서 노래하고자하는 대상에 대한 관심을 이끌어내는 표현법이다. 《시경》 속의 많은 편장들은 묘사가 생동적이고 재미가 넘친다. 언어표현도 소박하고 아름다운 데다가 리듬 역시 자연스럽게 조화를 이루고 있어 예술적 흡입력이 매우 강하다. 《시경》이 후세 문학 발전에 끼친 영향은 매우 크다.

제14과 东周时期君弱臣强，五霸七雄各据一方，周王室名存实亡。那时各国不再采诗而国风亡，诸侯不觐见天子而大雅亡，天子不享受诸侯宴请而小雅亡，宗庙祭祀不再继续而颂亡。诗的精神丧失了，诗的征集断绝了；找不到诗了，也听不到天子的消息了。孔子看到这种混乱局面非常痛心。他为天子的政令不行而伤心，他为诸侯的恣意妄为而痛苦。晚年回到鲁国以后，根据鲁国的史料编写了一部史书《春秋》。孔子一生，政治主张不能实现，只能将自己的政治理想寄托在《春秋》中，对当时的政治及各种人物进行褒贬，来扬善抑恶，拨乱反正。

동주 시기는 군왕의 힘이 약하고 신하의 세력이 강했다. 오패와 칠웅이 각 지역에 할거하면서 주 왕실은 이름만 존재할 뿐 사실상 멸망한 것이나 다름없었다. 당시 각국이 더 이상 시를 채집하지 않자 '국풍'이 소실되었고, 제후국이 천자를 더 이상 알현하지 않자 '대아'가 사라졌으며, 천자가 더 이상 제후의 연회를 즐기지 못하자 '소아'도 소멸하였고, 종묘제사가 더 이상 계속되질 않자 '송'이 없어졌다. 시의 정신이 사라지고, 시의 정집이 끊겼다. 시를 구할 수 없게 되자 천자의 소식 역시 들을 수 없었다. 공자는 이러한 혼란 국면을 마주하고 매우 비통해했다. 그는 천자의 정령이 행해지지 않음에 가슴 아파했고, 제후의 경거망동에 고통스러워했다. 만년에 노나라로 되돌아온 후, 노나라의 사료에 근거하여 사서인《춘추》를 펴냈다. 공자는 일생에 정치주장을 실현시키지는 못했다. 다만 자신의 정치사상을《춘추》에 기탁하여 당시의 정치 및 여러 인물들에 대한 옳고 그름을 평가하였다. 선은 고취시키고 악은 억제하면서 어지러운 세상을 다스리고 그릇된 점을 바로 잡았다.

《春秋》所记，上起鲁隐公元年，下至鲁哀公十四年，共记录隐、桓、庄、闵、僖、文、宣、成、襄、昭、定、哀十二公242年的事。《春秋》记载以鲁国为首兼及其他诸侯国的重大事件，按时间先后编排，是中国第一部编年体史书。

《춘추》는 위로는 노나라 은공 원년부터 아래로는 노나라 애공 14년까지 은, 환, 장, 민, 희, 문, 선, 성, 양, 소, 정, 애, 12공의 242년의 일들을 기록하고 있다.《춘추》는 노나라를 중심으로 하여 동시에 기타 제후국의 중대 사건을 적고 있다. 시간의 순서에 따라 편찬된 중국 최초의 편년체 역사서이다.

《春秋》一书用字极少，寥寥几字便把历史的结论表达出来，被后人称作"春秋笔法"。如天子去世叫崩，诸侯去世叫薨，杀君杀父叫弑，杀掉乱臣贼子叫诛，有道伐无道叫讨，偃旗息鼓地偷袭叫侵等等。孟子说，孔子成《春秋》而乱臣贼子惧。当时的国君、大夫得《春秋》一字褒扬者，荣誉胜过天子的嘉奖；得《春秋》一字贬抑者，耻辱超过天子的刑罚。

《춘추》는 글자를 매우 적게 사용했다. 매우 적은 몇 글자를 통해 역사의 결론을 표현해 냈다. 후대 사람이 이를 "춘추필법"이라 불렀다. 예를 들면, 천자가 세상을 뜨면 '붕', 제후가 세상을 뜨면 '훙', 임금을 죽이고 부모를 죽이면 '시', 간신과 적을 베어버리는 것을 '주', 도를 내세워 무도함을 벌하는 것을 '토', 잠시 휴전하는 듯 했다가 기습 공격하는 것을 '침' 등등이라 했다. 맹자가 말하길, 공자가 《춘추》를 완성하자 간신과 적들이 두려워했다. 당시의 군왕, 사대부가 《춘추》에 나오는 글자 한 자로 칭송되면 천자의 표창보다 더욱 영예로웠고, 《춘추》에 나오는 글자 한 자로 폄하되면 천자의 형벌보다 훨씬 치욕스러웠다.

鲁哀公十四年，孔子时年70岁，正在编写 《春秋》，有人在西门外打猎捕获了一只怪兽，因不识何物，送来给孔子看。孔子看了，流着泪叹息说：这是麒麟啊！麟啊，你到这乱世来做什么！孔子认为捕杀麒麟是不祥之兆，恢复周礼已经无望；于是再也写不下去了，《春秋》至"西狩获麟"停笔。两年后孔子病逝。

노나라 애공 14년, 공자가 나이 칠십에 《춘추》를 집필하고 있었다. 어떤 사람이 서문 밖에서 사냥을 하다가 괴이하게 생긴 짐승 한 마리를 잡았다. 어떤 동물인지 몰라 가져다가 공자에게 보였다. 공자가 보고 눈물을 흘리며 탄식했다. 이르길, "이건 기린이다. 기린아, 이 난세에 여긴 뭐 하러 왔느냐!" 공자는 기린을 잡은 것은 불길한 징조로, 주나라 예를 회복시키는 것은 전혀 가망이 없겠다고 여겼다. 그래서 더 이상 글을 써내려 가지 못했다. 《춘추》는 "서수획린" 부분에서 멈췄다. 2년 후 공자는 병으로 세상을 떠났다.

제15과

《春秋》文字太简洁，242年的历史只用了一万八千字，如果不了解史实很难读懂，于是后人就来作传解释《春秋》，其中最著名的就是"三传"，也就是齐国人公羊高的《公羊传》、鲁国人谷粱赤的《谷粱传》和左丘明的《左传》。

《춘추》의 문자는 매우 간결하다. 242년의 역사 기록에 겨우 1만 8천 자밖에 사용하지 않았다. 만약 역사적 사실을 알지 못한다면《춘추》를 읽고 이해하는 것은 매우 어렵다. 이런 연유로 후대 사람이 '전'을 지어《춘추》에 해석을 더하였다. 그 중 "삼전" 가장 유명한데, 제나라 사람 공양고가 지은《공양전》, 노나라 곡량적이 지은《곡량전》과 좌구명이 지은《좌전》이 그것이다.

左丘明是鲁国的史官，与孔子是半师半友的关系。孔子没有来得及为《春秋》作注释就去世了，弟子中以子夏的聪明才智也不能接替这一工作，于是左丘明就主动来为 《春秋》作传。他本来就是史官，又与孔子有师生之谊，所以他做这一工作再合适不过了。那时，左丘明已经双目失明，《左传》是由他口述，经弟子们记录成书的。《左传》全书侧重于用史实配合孔子的经文，文笔简明生动，叙事写人夹叙夹议，精彩之笔随处可见，描写战争尤其出色，对后世的影响很大。

좌구명은 노나라 사관으로 공자와는 사제지간이자 친구사이이다. 공자는 미처《춘추》의 주석 작업을 하지 못하고 세상을 떠났다. 제자 가운데 총명하고 지혜로운 자하로서도 이 작업을 이어받을 수는 없었다. 그리하여 좌구명이 스스로 나서《춘추》에 '전'을 지었다. 좌구명은 본래 사관으로 공자와도 사제 관계에 있었으므로, 그가 이 작업을 맡는 게 가장 적절했다. 당시 좌구명은 두 눈을 모두 잃은 상태여서《좌전》은 그가 구술한 내용을 제자들이 기록해 완성하였다.《좌전》전 편은 역사적 사실에 공자의 경문을 함께 두는 형식에 편중되어 서술되었다. 문체가 간결하고 생동적이다. 사건 기술과 인물 묘사 부분에는 평론도 곁들였다. 훌륭한 문장들이 여러 곳에 보이는데, 특히 전쟁 부분에 대한 묘사가 유달리 뛰어나, 후대에 끼친 영향이 매우 컸다.

《左传》之后百余年，才出现公羊、谷梁二传。三传各成一家，对 《春秋》的解释方法完全不一样。三传中 《左传》的文学成就最高，《古文观止》收录文章最多的一部书就是《左传》，共收了其中三十四篇文章。

《좌전》이 나온 지 백여 년 후, 비로소 '공양', '곡량' 두 전이 나왔다. 삼전 모두 각기 일파를 이룬다.《춘추》에 대한 해석의 방법이 모두 다르다. 삼전 가운데《좌전》의 문학적 성과가 가장 돋보인다.《고문관지》는《좌전》의 문장을 가장 많이 수록하고 있다. 모두 34편의 문장을 수록하고 있다.

제16과

战国时代，由于社会剧烈动荡和变革，各学派的代表人物纷纷著书立说、阐述观点、议论政治，百家争鸣的局面由此形成。所谓"诸子百家"就是先秦至汉初各学术流派及其代表人物的总称。古时有人做过统计，诸子共189家，4,324篇著作，分为儒、墨、道、名、法、阴阳、纵横、杂、农、小说等十大家。

전국시대는 사회의 극렬한 불안정과 변혁으로 인해, 각 학파의 대표 인물들이 잇달아 저서를 통해 자신의 학설을 펼치고, 관점을 표명하며, 정치를 논했다. 이로써 '백가쟁명'의 국면이 형성되었다. 소위 '제자백가'란 선진 시기부터 한나라 초기까지 각 학술 학파와 그 대표 인물들을 총칭하는 말이다. 고대에 누군가 통계를 냈는데, 제자는 모두 189가로 총 4,324편의 저작이 있다고 한다. 유, 묵, 도, 명, 법, 음양, 종횡, 잡, 농, 소설 등 10대가로 분류된다.

一般人学习圣贤之道，先读 《孝经》再读“四书”也就够了，深入学习则要研究“六经”。熟读经书，退可以修养自己的思想品德精神风采；进可以治国安邦兼善天下。诸子百家之书太繁杂了，选择主要的阅读掌握大概也就行了。

일반인들이 성현의 도를 학습하는 데에는 먼저《효경》을 읽고 “사서”를 읽으면 충분하다. (그러나 여기서 나아가) 심도 있는 학습을 한다면 “육경”을 연구해야 한다. 경서를 숙독하면 물러서서는 자신의 사상, 품덕, 정신, 풍채를 수양할 수 있고, 들어서서는 나라를 편히 다스리고 천하 사람들을 이롭게 할 수가 있다. 제자백가의 책은 너무 잡다하므로, 주요 작품을 선별해 읽고 요지만 이해하는 것만으로도 충분하다.

제17과

既然子书要有选择地阅读，该如何选择又该阅读哪些作品呢？《三字经》给我们推荐了荀子、扬子、文中子、老子和庄子五位学者，其中荀子、扬子、文中子是儒家，老子、庄子是道家。

기왕 ‘자서’를 선택적으로 읽어야 한다면, 어떻게 선택해야 하며, 또 어떤 작품들을 읽어야 하나?《삼자경》은 순자, 양자, 문중자, 노자와 장자, 다섯 학자를 추천하고 있다. 이 가운데 순자, 양자, 문중자는 유가이고, 노자, 장자는 도가이다.

荀子，名况，字卿，又名孙卿，战国时期赵国人。晚年在楚国做官，死于楚国，活了60岁，著书32篇，总称《荀子》。荀子认为人性天生都是恶的，善都是后天学来的，因此他特别强调后天的学习和教育。荀子最著名的文章是专论学习重要性的《劝学》。荀子有两个有名的弟子都是法家的代表人物，一个是集法家理论之大成的韩非子，一个是帮助秦始皇法治天下的李斯。

순자는 이름이 황이고 자가 경이다. 다른 이름은 손경으로, 전국시기 조나라 사람이다. 만년에 초나라에서 관직을 지냈고 초나라에서 죽었다. 60세를 살면서 32편을 저술하였는데, 이를 모두 일컬어《순자》라 칭한다. 순자는 인간의 본성은 천성적으로 모두 악하며, '선'은 모두 후천적으로 배워 터득한 것으로 보았다. 그렇기 때문에 그는 후천적인 학습과 교육을 매우 중요하게 여겼다. 순자의 가장 유명한 문장은 학습의 중요성을 전문적으로 논한《권학》이다. 순자에게는 유명한 제자 둘이 있었는데 모두 법가의 대표 인물이다. 하나는 법가 이론을 집대성한 한비자이고, 다른 하나는 진시황을 도와 천하를 법으로 다스린 이사다.

扬子，名雄，字子云，西汉末年四川人，活了71岁。扬子早年以文学闻名，作有《甘泉赋》、《羽猎赋》、《长杨赋》、《河东赋》四文，内容都是规劝帝王不要奢华。中年以后致力于研究，仿照《周易》作了一部书叫《太玄》，仿照《论语》作了一部书叫《法言》。此外，他还创作了世界第一部研究方言的专著《方言》。

양자는 이름이 웅이고 자는 자운으로 서한 말기 사천 사람이다. 71년을 살았다. 양자는 어렸을 때 문학으로 명성을 떨쳤다.《감천부》,《우렵부》,《장양부》,《하동부》네 문장을 지었다. 내용은 모두 제왕으로 하여금 사치하지 말도록 권유하는 내용들이다. 중년 이후에는 연구에 몰두해《주역》을 본 따《태현》이란 책을 지었으며,《논어》를 본 따《법언》이란 책을 집필하였다. 이밖에, 그는 세계 최초의 방언 연구 저작인《방언》도 저술했다.

文中子，姓王，名通，字仲淹，隋朝山西人，只活了33岁。"文中子"是他死后弟子们私自给他追加的名号。王通被当时人称为王孔子，19岁就得到隋文帝的赏识，因上太平策十二篇未被采用，退而讲学，有弟子千人。辅佐唐太宗成就贞观之治的名臣魏征、房玄龄都是他的弟子。因此，王通虽享寿不长，但其影响却是巨大的；也因此被《三字经》破格推荐为五子之列。王通志在学孔子，依《春秋》体例将历史从"西狩获麟"续写至后魏，命名为《元经》。他的弟子又仿照《论语》，把他讲过的话整理成《中说》十篇。"中说"就是文中子说。

문중자는 성이 왕이고, 이름은 통, 자는 중엄이다. 수나라 때 산서 사람으로 33세밖에

못 살았다. "문중자"는 그가 죽은 후 제자들이 사적으로 추가한 명호이다. 왕통은 당시 사람들에게 왕공자라 칭해졌다. 19살 때 수나라 문제의 높은 평가를 받았다. 상태평책 12편이 채택되지 않자 물러나 학문 강연에 힘썼다. 제자가 천 명 있었다. 당태종을 도와 정관의 치를 펼친 명신 위정, 방현령 모두 그의 제자이다. 그렇기 때문에 왕통이 비록 장수를 누리지는 못했어도 그 영향력은 매우 지대했다. 역시 이런 연유로《삼자경》에서는 (문중자를) 파격적으로 오자의 반열에 추대하고 있다. 왕통은 공자 학습에 뜻을 두고,《춘추》의 체제에 따라 역사를 '서수획린'에서부터 시작해 후위까지 집필하고, 이름을《원경》이라 했다. 그의 제자가 또《논어》를 본 따 그가 강학한 내용을 정리해《중설》 10편을 지었다. "중설"은 곧 문중자의 학설이다.

老子，姓李，名耳，字伯阳，号老聃，春秋时期楚国人。相传有一天函谷关的守关人尹喜在关楼上望气，看到有一团紫气东来，断定有圣人经过，便出门去迎候。果然，须发皆白的老子骑着青牛而来，应尹喜的请求留下了五千言的文章，名为《老子》(又称 《道德经》)。不久的一天夜里，老子化作一团青气就不见了。《老子》一书用"道"来说明宇宙万物的演变，提出了"道生一，一生二，二生三，三生万物"的观点，其中"道"可以理解为客观的自然规律。老子的学说对中国的哲学发展有很大的影响。

노자는 성이 이, 이름은 이, 자는 백양, 호가 노담이다. 춘추시대 초나라 사람이다. 전하는 바에 의하면 어느 날 함곡관 수비대장 윤희가 관루 위에서 하늘의 기운을 관측하고 있었다. (그때) 자색 기운이 동쪽에서부터 밀려오는 것을 보고, 성인이 지날 것이라 확신하고 문을 나서 영접할 준비를 했다. 과연 흰 수염에 백발의 노자가 푸른 소를 타고 오고 있었다. 윤희의 요청으로 오천 글자의 문장을 남겼는데, 이름을《노자》(다른 이름으로《도덕경》)라 했다. 얼마 후 어느 날 밤 노자는 푸른 기운과 함께 사라지고 보이지 않았다.《노자》는 처음부터 끝까지 '도'를 응용해 우주만물의 변화를 설명하며, "도생일, 일생이, 이생삼, 삼생만물"의 관점을 제기했다. 이 중 '도'는 객관적인 자연규칙으로 이해될 수 있다. 노자 학설은 중국 철학 발전에 매우 큰 영향을 끼쳤다.

庄子，姓庄，名周，字子休，活了83岁，是战国时期的宋国人。庄子继承和发展了老子"道法自然"的思想，最清晰地阐述、最准确地解说了道家的学说。他著有《庄子》三十三篇，其中内篇七篇，一般认定是庄子所著，外篇杂篇可能掺杂有他的弟子和后来道家的作品。《庄子》文章大气豪放，多采用寓言故事的形式来说明深刻的道理，想象丰富，语言幽默，充满智慧，是道家思想的最高结晶。

장자는 성이 장, 이름은 주, 자가 자휴로 83세까지 살았다. 전국 시대 송나라 사람이다. 장자는 노자의 '도법자연' 사상을 계승 발전시켰으며 도가의 학설을 가장 명확하게 논하고 또 가장 정확하게 설명하였다. 《장자》는 모두 33편으로 그 중 내편 7편은 장자가 지은 것으로 보편적으로 인정되고 있으나, 외편, 잡편에는 그의 제자 및 후대 도가의 작품이 섞여 있는 것으로 보고 있다. 《장자》는 문장의 기개가 크고 호방하다. 우언고사 형식을 많이 활용하며 깊은 도리를 설명하고 있다. 상상력이 풍부하고, 언어가 유머러스하며, 지혜가 충만하다. 도가 사상의 최고 결정체이다.

제18과

对于经书、子书大致读懂，就可以开始读各种史书了。世系，就是历代王朝传位的体系；终始，就是各朝代的开始与结束。史学内容广泛，政治、经济、军事、文化、学术、制度都包含在内，如果不是历史学家，要想全部掌握是不太可能的。所以首先要掌握历史发展的大概脉络，然后再根据需要做深入的学习和研究。

경서, 자서에 대해 대략적으로 읽고 이해했으면 이제 여러 역사서를 읽어도 된다. '세계'란 역대 왕조의 왕위 계승체계, '종시'란 각 왕조의 시작과 결말을 뜻한다. 사학의 내용은 광범위하여, 정치, 경제, 군사, 문화, 학술, 제도를 모두 포함한다. 역사학자가 아니고서 모든 분야의 역사를 통달하기란 거의 불가능하다. 그러므로 먼저 역사발전의 맥락을 대략적으로 이해한 다음 필요에 따라 더 깊게 학습하고 연구해야 한다.

梁启超先生说过：中国各种学问中，史学最发达；世界各国的史学中，中国史学最发达。西方哲学家黑格尔也说过：中国历史作家层出不穷，延续不断，是任何民族也无法达到的。清朝编辑的《四库全书》中史部共分了十五类，是经史子集中分类最多的。其中,"正史"是官方认定的国史, 从《史记》到《新元史》, 官方认定的国史共有26部。正史都是纪传体。所谓纪传体, 就是以人物传记为主的史书体裁。"编年史"是按年代先后编写的史书, 最著名的如《资治通鉴》。"纪事本末史"是详细记录历史事件经过的史书。

양계초 선생은 중국의 여러 학문 중에서 사학이 가장 발달했으며, 세계 각국의 사학 중에서는 중국 사학이 가장 발달했다고 했다. 서양 철학자 헤겔 역시 중국의 역사 저자는 끝없이 계속해서 나타나는데, 이는 다른 어떤 민족도 해낼 수 없다고 하였다. 청나라 때 편찬된《사고전서》는 사부를 모두 15부류로 나누었다. 경사자집 가운데 분류가 가장 많다. 그 중 '정사'는 관방이 인정한 국사로,《사기》부터《신원사》에 이르기까지 관방 인정 국사는 모두 26부다. 정사는 모두 기전체인데, 기전체란 인물, 전기 위주의 사서 형식을 말한다. '편년사'는 연대의 선후에 따라 편찬한 사서로, 가장 유명한 역사서는《자치통감》이다. '기사본말사'는 역사 사건의 경과를 자세하게 기록한 사서이다.

"别史"为官修的记载一朝或数朝政治大事的史书。"杂史"是私修的, 常记一事始末或一时见闻, 成为可供参考的史书。"诏令奏议"是帝王诏书和臣子奏折汇编。"传记"是记叙人物生平事迹年谱的书。"史抄"是节选各种史书的书。"载记"是记录偏安割据及农民起义的书。"时令"是记录季节气候与风俗民情的书。"地理"是记录历代地理与山川风俗的书。"职官"是记载历代官制的书。"政书"是记载历代典章制度的书。"目录"是记载历代书籍及金石书画碑帖的书。"史评"是汇集历史评论和史学理论的书。这15类中以正史、编年史、纪事本末为最重要。正史包罗各朝各方面的情况, 详尽完备, 而且以人物为纲, 历代王侯将相及各领域有成就的人基本都有记录;编年史重在记录时间;纪事本末史重在记录事件。有此三史, 历史人物、时间、事件都一清二楚。

'별사'는 관에서 지은 역사로, 어느 한 왕조 혹은 여러 왕조의 정치적 사건을 기록한 사서이다. '잡사'는 개인이 지은 역사로, 항상 어느 한 사건의 본말 혹은 한 시기의 견문을 기록하고 있다. 참고하기에 충분한 역사서다. '소령주의'는 제왕이 내리는 문서와 신하의 상주문 모음이다. '전기'는 인물의 생평과 사적, 연보를 기록한 사서이다. '사초'는 여러 사서 가운데 일부 내용만 발췌해 엮은 사서이다. '재기'는 왕의 일시적 몰락, 할거 및 농민봉기를 기록한 사서이다. '시령'은 계절, 기후와 풍속, 민심을 기록한 사서이다. '지리'는 역대 지리 및 산천, 풍속을 기록한 사서이다. '직관'은 역대 관직 제도를 기록한 사서이다. '정서'는 역대 전장제도를 기록한 사서이다. '목록'은 역대 서적 및 금석, 서화를 기록한 사서이다. '사평'은 역사평론 및 사학이론을 수집해 엮은 책이다. 이 15가지 가운데 정사, 편년사, 기사본말이 가장 중요하다. 정사는 각 왕조의 여러 측면을 망라하고 있어 내용이 자세하고 완벽하다. 또한 인물을 중심으로 역대 왕후, 장군 및 각 영역에서 우수한 성과를 얻은 사람들을 거의 모두 기록하고 있다. 편년사의 핵심은 시간 기록에 있고, 기사본말사의 핵심은 사건 기록에 있다. 이 세 사서를 통해 역사인물, 시간, 사건을 모두 명확하게 알 수 있다.

中国史学起源非常早，史官修史可追溯到商周时期，周王室有大史、小史、内史、外史、御史五种史官。公元前841年就开始有编年史书记载，从此以后几乎每年都有记载。这是世界上最早最完整的历史纪年。汉朝是中国史学的成熟期，出现了"史家之绝唱"的纪传体通史《史记》和"正史之楷模"的纪传体断代史《汉书》。正史中除了《史记》是通史，其余都是断代史。魏晋南北朝是史学的繁荣时期，私家修史之风盛行，史学著作的总和是前代的四十倍。隋朝是史学的转折时期，隋文帝下令不准私家修史，并由政府成立史馆，组织人员大规模修史，从此正史由私修改为官修。

중국의 사학 기원은 매우 빠르다. 사관의 역사 편찬은 상주시기까지 거슬러 올라간다. 주 왕실에는 대사, 소사, 내사, 외사, 어사, 다섯 사관이 있었다. 기원전 841년에 편년체 사서 기록이 등장하기 시작했으며, 이 시기부터 거의 매년 기록이 존재한다. 이는 세계적으로 가장 빠른, 그리고 가장 완벽한 역사 기년이다. 한나라는 중국 사학의 성숙기로 "사가의 절창"이라 일컬어지는 기년체 통사《사기》가 출현하였고, 정사의 표본이라 일컬어지는 기년체 단대사《한서》가 출현했다. 정사 가운데《사기》가 통사인 것을 제외하면 나머지는 모두 단대사이다. 위진남북조 시기는 사학의 번영시기로, 개인의 역사 편찬이 가장 성황을 이룬 시기이다. 사학 저술 또한 이전 시기의 40배다. 수나라는 사학의 전환기로 수 문제는 개인이 역사를 편찬하는 것을 금지시켰다. 대신 정부가 사관을 설립하고 인원을 조직해 대규모로 역사를 편찬했다. 이로부터 정사 편찬이 개인에서

관으로 바뀌었다.

唐朝史学成绩突出，唐初修了一大批史书，在二十六正史中占了三分之一。另外，这时候出现了集唐代以前史论大成的著作，中国第一部史论《史通》。中国第一部典章制度专著《通典》也在这个时期出现，它记叙了从黄帝到唐天宝年间典章制度的沿革流变。宋朝重视修史，加上印刷术的发明，史学发展迅速，出现了《资治通鉴》、《通鉴纪事本末》等巨著。明清两朝私家修史之风盛行，野史、方志、传记不断涌现。清朝更是千年史学的总结时期，各种史学著作竞相问世。到清末，共保存历代史学著作六千余种，的确是浩如烟海，汗牛充栋。

당나라의 사학 성과는 매우 뛰어나다. 당나라 초기에 대규모로 사서를 펴냈는데, (분량이) 26정사 가운데 3분의 1을 차지한다. 이 외에도 이 시기에는 당나라 이전의 역사평론을 집대성한 중국 최초의 역사평론서인《사통》이 편찬되었다. 중국 최초의 전장제도 전문 역사서《통전》역시 이 시기에 등장했다.《통전》은 황제로부터 당 태종 연간까지의 전장제도의 발전과 변화를 기술하고 있다. 송나라 역시 역사 편찬을 중시했다. 게다가 인쇄술의 발명으로 사학은 더욱 신속하게 발전했다.《자치통감》,《통감기사본말》등 대작들이 등장했다. 명, 청 두 시기에는 개인의 역사 편찬이 성행했다. 야사, 지방지, 전기가 끊임없이 나타났다. 청나라 때는 천년 역사학의 집대성 시기로 각종 사학 저작이 경쟁적으로 등장했다. 청나라 말기에는 역대 사학 저작 총 6천 여 종을 소장하였는데, 확실히 양적으로 매우 많은 분량이다.

中国民族之所以注重修史，是为了把历史当做借鉴，正是所谓"前事不忘，后事之师"。同时，了解国家民族的光辉历史、灿烂文化，民族自豪感也就油然而生，民族凝聚力也自然增强。这就是历史对于一个国家的重要意义。正因为历史如此重要，所以古人读书都是经学史学互为参照。

중국민족이 역사 편찬을 중시한 이유는 역사를 귀감으로 삼기 위해서이다. 소위 '이전

일을 잊지 않음으로써 후대의 스승으로 삼는다.'와 같다. 뿐만 아니라 국가, 민족의 빛나는 역사와 찬란한 문화를 이해하면, 민족적 자부심 또한 저절로 생성되어 민족 응집력 역시 자연스럽게 강해진다. 이는 곧 역사가 국가에 갖는 중요한 의미이다. 역사가 이렇듯 중요하기 때문에 옛사람들은 책을 읽을 때 경학과 사학 모두를 참조하였다.

中国史学的精神就是司马迁总结的三句话："究天人之际，通古今之变，成一家之言。"一、中国古人认为人类社会的治与乱与自然界有着密切的关系：社会清明则风调雨顺、河清海晏；社会混乱则灾害不断、自然失序。若想自然和序，必须社会安宁。史学就需研究历史中自然现象和社会治乱的关系，为统治者提供借鉴。二、研究古往今来社会历史兴衰存亡的规律，对于治理国家和为人做事有着极大的参考价值。三、在高度专制的社会表达自己对于历史独特真实的评价。古代的史学家都认为，自己所著的书如果不能被当权者所容纳，就把它收藏起来等待后世的知音。这是因为，司马迁修《史记》，对汉代政治多有批评，汉武帝下令，将他的书一把火烧了。幸好司马迁还留有副本，《史记》才得以保留下来。司马迁到死也没能看到他倾注一生心血的著作问世，直到他去世70多年，他的外孙杨恽才将 《史记》献于天下。可见，中国民族的史书传袭至今，也是极其不易的。

중국 사학의 정신은 사마천이 요약 정리해 말한, "하늘과 사람 사이의 관계를 탐구하고, 고대부터 현재까지의 변화를 통달하며, (이를 토대로) 일가의 학설을 이룬다." 이 세 가지이다. 첫째, 중국 고대 사람들은 인류사회의 다스림, 혼란, 자연계 사이에는 서로 밀접한 관계가 있다고 보았다. 사회가 깨끗하고 투명하면 바람과 비가 적당하고, 강과 바다가 맑고 잔잔하다. 사회가 혼란하면 재해가 끊이지 않고 자연의 질서 또한 무너진다. 만약 자연이 조화롭고 질서가 서길 바란다면 반드시 사회가 안정되어야 한다. 사학은 역사 속 자연현상과 사회 치란(다스림과 혼란)과의 관계 연구로 통치자에게 교훈을 주어야 한다. 둘째, 고대부터 현재까지의 사회 역사 속 흥망성쇠 규율을 연구하는 것은 국가 통치와 인간 처세에 대해 매우 큰 참고 가치를 지닌다. 셋째, 고도로 발달한 전제사회에서 역사에 대한 자신의 독특하고 진실한 평가를 표현하는 것이다. 고대 사학가들은 모두 자신이 저술한 사서가 만일 당시 집권자에 의해 채택되지 않으면, 우선 보관해두며 나중에 알아주는 사람이 나타나기를 기다렸다. 사마천이 지은《사기》가 한나라 정치에 대한 비판이 많아 한무제가 사마천의 사서 모두를 불태우게 했기 때문에 비롯되었다. 다행히도《사기》는 사마천이 부본을 남겨둠으로써 보존될 수 있었다. 사마천은 죽는 날까지 그가 일생의 심혈을 다해 지은 저작이 세상에 나오는 것을 보지 못했다. 그가 죽은 지 70여 년이 지나서야 비로소 그의 외손자인 양운이《사기》를 세상에 내놓았다. 중국 민족의 사서가 지금까지 전해지는 것 자체가 그리 쉬운 일은 아니다.

제19과 从这里开始便逐一讲解历代帝王及朝代的更替流变。在古代，皇是指最初统治天下的人，帝是指靠仁德统治天下的人，王是能通晓天、地、人三重道理并使天下人团结一致的人。伏牺、炎帝、黄帝是中国民族最早的领袖，故称三皇；尧、舜是道德崇高的领袖，故称二帝；夏禹、商汤、周文王、周武王是通晓天地人并使天下一心归向的领袖，故称三代之王。

여기부터는 역대 제왕과 왕조의 교체변화를 차례대로 설명하고 있다. 고대에 '황'은 최초로 천하를 통치한 사람을 말하고, '제'는 인, 덕에 따라 천하를 통치한 사람을 칭하며, '왕'은 하늘, 땅, 사람 사이의 도리를 통달하고 천하 사람들을 하나로 규합한 사람을 이른다. 복희, 염제, 황제는 중국 민족 최초의 지도자들로, '삼황'이라 불린다. 요, 순은 도덕이 숭고한 지도자이므로, '이제'라 칭한다. 하 왕조의 우, 상 왕조의 탕, 주 왕조의 문왕, 주 왕조의 무왕은 천, 지, 인을 통달하고 천하를 하나로 묶은 지도자이다. 그러므로 '삼대지왕'이라 부른다.

伏牺，距今八千多年，相传是中国最早的帝王。伏牺二字，伏由一个人字、一个犬字构成，人在前，犬在后，表示人驯伏了狗；牺指作祭品用的牲畜，说明人已开始养殖牲畜。伏牺（也写作伏羲）姓风，号太昊，又称伏牺氏，在位115年。

복희는 지금으로부터 8천 년 전 인물로, 전하는 바에 의하면 중국 최초의 제왕이라 한다. 복희, 두 글자 중 '복'자는 사람 '인'자와 개 '견'자가 합쳐 이루어진 구조로, 사람이 앞서고 개가 뒤따르는 모양이다. 이는 사람이 개를 길들이는 것을 의미한다. '희'는 제사에 제물로 쓰는 가축을 가리키는데, 이는 이미 (당시에 인간이) 가축을 기르고 있었음을 말해준다. 복희(伏羲라고도 씀)는 성이 풍이고 호는 태호이다. 복희씨라고도 하며,

115년간 재위에 있었다.

相传伏牺是人首蛇身。这是为什么呢？各民族早先都有自己崇拜的图腾。原始民族认为自己是从某一种动物变化来的，于是对这种动物顶礼膜拜。伏牺人首蛇身的形象就是中国先民崇拜蛇的反映。他们认为人类是从蛇变化来的，因此传说中伏牺的身上还有蛇的痕迹。

전하는 바에 의하면 복희는 사람 머리에 뱀의 몸 형상이었다고 한다. 이에 대한 이유는 각 민족들마다 이전부터 자기들만이 숭배하는 토템이 모두 있었기 때문인데, 원시민족들은 자신들이 모종의 동물로부터 변한 것으로 여겼으며, 그 동물에 대해서만큼은 극진한 예를 갖춰 숭배했다. 복희의 사람 머리에 뱀 몸 형상은 바로 중국 선민들이 뱀을 숭배했다는 것을 반영해준다. 그들은 인류가 뱀으로부터 변해 내려온 것으로 여겼는데, 이런 이유로 인해 전설상의 복희 몸에는 뱀의 흔적이 여전히 남아있다.

伏牺时代是游牧时代，是伏牺教会了百姓捕鱼打猎。伏牺以前，先民多群婚，伏牺教百姓嫁娶，这就是婚姻制度的发端。伏牺最大的功绩是画八卦，创立了中国独特的符号系统。伏牺画卦，标志着中国民族开始进入文明时代。

복희 시대는 유목 시대로, 백성들의 어업과 수렵을 복희가 가르쳤다. 복희 이전에는 사람들이 집단 결혼을 많이 했는데, 복희가 백성들에게 장가가고 시집가는 것을 가르치자 혼인제도의 서막이 올랐다. 복희의 최대 공적은 팔괘를 그려 중국 특유의 부호계통을 창출했다는 것이다. 복희가 괘를 그렸다는 것은 중국민족이 문명시대로 진입했음을 상징한다.

神农，距今六千余年，姓姜，号炎帝，又称神农氏，在位140年。所谓"神农"，是说炎帝教会百姓耕种庄稼，辨认五谷。这说明在炎帝时，中国民族已从游牧时代进入农耕时代。炎帝还有一项重要的贡献就是尝百草，发现了中草药。汉朝有一本有名的药书《神农本草经》，就是托名神农氏创作的。《神农本草经》共载有365味药，是中国最早的药书，也是学中医必读的书。陕西宝鸡、湖南株洲至今都有炎帝的陵墓。

신농은 지금으로부터 6천여 년 전 인물로, 성은 강, 호는 염제, 달리 신농씨라고 한다. 140년간 재위에 있었다. '신농'이란 말은 염제가 백성들이 곡식을 재배하고 오곡을 분간할 수 있도록 가르쳤다는 것을 의미하며, 염제 시대에 이르러 중국 민족이 유목시대에서 농경시대로 진입했음을 말해준다. 염제의 또 다른 하나의 중요 공헌은 온갖 풀을 맛보고 약초를 발견했다는 것이다. 한나라 때의 유명 약학서《신농본초경》은 명칭을 신농씨로 해서 지은 책이다.《신농본초경》은 365종류의 약을 기록하고 있는 중국 최초의 약학서로, 중의학을 공부하는데 반드시 읽어야 하는 필독서이다. 섬서성 보계, 호남성 주주에는 지금도 염제의 능묘가 있다.

黄帝，距今四千余年，姓公孙，名轩辕，号黄帝，因此称作轩辕黄帝，又称有熊氏，在位100年。黄帝是中国民族最早有文字记载的帝王。《史记》第一篇《五帝本纪》第一位帝王就是黄帝。黄帝时代，中国文化的雏形基本形成，出现了中国民族最重要的象征"龙"的形象。前面讲了中国先民崇拜蛇，蛇就是龙的前身。华夏族在和其他民族交战的过程中逐渐将这些民族兼并，吸收他们的图腾元素加到蛇身上。有些民族崇拜鹿，有些民族崇拜马，有些民族崇拜牛，有些民族崇拜鱼，有些民族崇拜鹰……于是蛇身上渐渐长出鹿的角、马的毛、牛的尾、鱼的鳞、鹰的爪。到黄帝时就"飞龙在天"了。龙的出现标志着中国民族的正式形成，所以中国人自称龙的传人。蛇变成龙的过程，也就是华夏民族不断壮大的过程。

황제는 지금으로부터 4천여 년 전 인물로, 성은 손, 이름은 헌원, 호는 황제다. 그러므로 헌원황제라 하며 유웅씨라고도 부른다. 100년간 재위에 있었다. 황제는 중국 민족 최초로 문자 기록이 전해지는 제왕이다.《사기》제1편《오제본기》의 첫 번째 제왕이 바로 황제이다. 황제 시대는 중국 문화의 기틀이 거의 형성된 시기로, 중국 민족의 가장 중요한 상징인 용의 형상이 이 시기에 나타났다. 앞에서 중국 선민들의 뱀 숭배를 이야기 했는데 뱀이 곧 용의 전신이 된다. 화하 민족은 다른 민족과의 전쟁을 통해 이들 민족들을 점차적으로 병합하였고, 그들의 토템 원소를 흡수하면서 자신이 숭배한 뱀의 몸에 그들의 토템 원소를 하나하나 더해갔다. 어떤 민족들은 사슴을, 어떤 민족들은 말을, 어떤 민족들은 소를, 어떤 민족들은 물고기를, 어떤 민족들은 매를 각각 숭배하였다. …… 그리하여 뱀의 몸에 사슴의 뿔, 말의 털, 소의 꼬리, 물고기의 비늘, 매의 부리가 점차적으로 더해졌다. 황제 시대에 이르러 용이 하늘을 날게 되었다. 용의 출현은 중국 민족이 정식으로 형성되었다는 것을 상징하는 것으로, 중국인은 이런 이유로 자신들을 용의 후손이라 하고 있다. 뱀이 용으로 변하는 과정은 곧 화하 민족이 계속해서 강성해지는 과정이었다.

黄帝时代最伟大的创造是文字的发明。黄帝手下的大臣仓颉，长了四眉四目，他仰观天文，俯察地理，又善于观察鸟兽草木的形状，在此基础上创造出最早的象形文字。韩非子说：仓颉造字，夜有鬼哭。意思是有了文字，妖魔鬼怪的恶行都会被记录下来，鬼怪害怕，因此在晚上哭。文字的出现开启了中国文化日后辉煌灿烂的历程。

황제시대에 가장 위대한 창조는 바로 문자의 발명이다. 황제 수하의 신하 창힐은 눈썹과 눈이 네 개다. 그는 천문을 읽고 지리를 살필 수 있으며, 또한 조수, 초목의 형상을 관찰하는 능력이 탁월해, 이를 바탕으로 최초의 상형문자를 창안해냈다. 한비자가 말하길, 창힐이 글자를 만들자 밤에 귀신들이 울었다고 했다. 문자가 생긴 다음 요괴와 악마의 괴이한 악행들이 모두 문자로 기록되자 귀신과 요괴가 이를 두려워 해 밤에 울었다는 것이다. 문자의 출현으로 중국 문화의 휘황찬란한 여정이 시작됐다.

黄帝时代的第二大发明便是衣裳。黄帝的妻子是蜀山氏的女儿。黄帝为什么要娶一个来自偏远之地西蜀的女子呢？原来蜀国是全中国最早开始养蚕的地方。蜀字就像一条虫，上面是虫的眼睛，一弯是虫的身子，里面是个虫子，这条虫就是蚕。蚕丝能用来织丝绸。黄帝娶她，就是要将西蜀的养蚕丝织业带到中原。从此，中国的祖先就穿上了衣服。丝绸穿在身上，犹如人身上有了花纹一般，华夏族的“华”就是指民族的服装美丽。《左传》里讲，有衣冠之美就可以叫做华。在远古时代，穿不穿衣服是野蛮与文明的分水岭，衣裳与文字一样也是文明的象征。

황제 시기 두 번째 발명품은 의상이다. 황제의 처는 촉산씨의 딸인데, 황제가 멀고 편벽

한 지역인 서촉의 여자를 아내로 맞이한 이유는, 촉국이 중국 전역에서 가장 먼저 누에를 기른 곳이기 때문이다. '촉'자는 벌레와 닮았다. 윗부분은 벌레의 눈, 굽은 부분은 벌레의 몸통으로, 안쪽에 벌레가 자리 잡고 있는 형상의 글자이다. 이 벌레는 바로 누에다. 명주실은 비단을 짜는데 쓰인다. 황제가 서촉의 여자를 맞아들인 것은 서촉의 양잠과 비단을 중원지역으로 가져오기 위함이었다. 이로써 중국 조상들이 옷을 입기 시작했다. 비단을 입으면 사람 몸에 꽃무늬가 있는 것과 같은데, 화하족의 '화'자는 바로 민족 복장의 아름다움을 나타낸 글자이다. 《좌전》에 이르길, "의관의 미가 있는 것을 '화'라 한다."고 했다. 아주 먼 옛날, 의복을 입느냐의 여부는 야만과 문명을 가르는 척도였다. 의상 역시 문자와 마찬가지로 문명의 상징이다.

黄帝时代的第三大贡献是和大臣岐伯开创了中医理论体系。成书于战国末秦汉初的《黄帝内经》就托名黄帝所作。是用黄帝与岐伯一问一答的形式写成，分《素问》,《灵枢》两部分，各81篇，共162篇；论及经络、脏腑、针灸、阴阳五行、养生等中医基本理论；是中国最早的医书，也是学中医的必读书。因为中医是黄帝与岐伯共同创造的，所以中医又被称为岐黄之术。

황제 시기의 세 번째 공헌은 황제가 신하 기백과 더불어 중의학 이론체계를 확립했다는 것이다. 전국시대 말기, 진한 초기에 지어진《황제내경》은 명칭을 황제로 하여 지은 의서로, 황제와 기백이 묻고 답하는 형식으로 이루어져있다.《소문》,《영구》두 부분으로 나눠고, 각 81편, 모두 162편이다. 경락, 오장육부, 침구, 음양오행, 양생 등 중의학의 기본 이론을 논하고 있는 중국 최초의 의서이자 중의학 연구의 필독서이다. 중의학은 황제와 기백이 공동으로 발명한 것이어서 중의학을 기황의 의술이라고도 한다.

此外，黄帝的大臣史皇氏发明了绘画；大臣伶伦因创制十二音律成为中国的音乐之祖；大臣大挠第一个编制历法；大臣隶首开始推算数学。舟车、弓箭之类也是黄帝时代发明的。

이밖에, 황제의 신하인 사황씨는 회화를 발명했고, 신하 영윤은 12음율을 창안해 중국

음악의 시조가 됐으며, 신하 대요는 역법을 최초로 만들었다. 신하 예수는 최초로 수학을 도입했다. 나룻배, 마차, 화살 등도 황제 시대에 발명되었다.

炎帝黃帝是中国民族共同的祖先，所以中国人都叫炎黄子孙。黄帝去世后葬在今陕西延安的黄陵县。现在黄陵县还有黄帝陵和轩辕庙。轩辕庙中古柏参天，其中有一株传说是黄帝亲手所植。历代帝王都派人到黄帝陵祭祀。现在每年四月，黄帝陵仍有大型的祭祀活动。三皇是上古时期对中国民族贡献最大的三位祖先，值得后人纪念。

염제, 황제는 중국 민족의 공동 조상이다. 그렇기 때문에 중국인들은 모두 염황의 자손이라고 한다. 황제가 세상을 떠난 후 현재 섬서성 연안의 황릉현에 안장되었다. 현재 황릉현에는 황제릉과 헌원묘가 있다. 헌원묘에 하늘 높이 솟아 있는 오래된 측백나무들 중 한 그루는 황제가 친히 심었다고 전해진다. 역대 제왕은 모두 황제릉에 사람을 보내 제사를 올렸다. 지금도 매년 4월이면 황제릉에서 여전히 큰 제사를 지낸다. 삼황은 상고시기 중국 민족에 대한 공헌이 가장 큰 조상들로, 후대 사람이 기념할만한 충분한 가치를 지닌다.

제20과

唐指陶唐氏尧帝，有虞氏是舜帝。陶唐是尧的封地，有虞是舜的国号，这是以地名来称呼人，所以尧又叫唐尧，舜又叫虞舜。相揖逊，是指尧帝舜帝相互作揖谦让帝位。

당은 도당씨 요제를 가리키고, 유우씨는 순제를 말한다. 도당은 요의 분봉지이고, 유우는 순의 국호이다. 이는 지명을 가지고 사람을 호칭하는 것으로, 때문에 요는 당요, 순은 우순이라고도 부른다. '상읍손'은 요제와 순제가 서로 절하고 제위를 물려주었다는 뜻이다.

司马迁赞美尧帝说，尧的仁德像天，智慧像神；靠近他如太阳一样温暖，仰望他就像天上的云彩一样圣洁。尧帝做事节俭，忠实不懈，又能让贤，光辉普照四方，达到天地。他能发扬大德，使家族亲密和谐；也能协调万方，使天下百姓友好和睦。

사마천이 요제를 칭송하며 말하길, 요의 인덕은 하늘과 같고 지혜는 신과도 같다. 그의 곁에 가면 태양처럼 따뜻하고, 그를 바라보고 있으면 하늘의 화려한 구름처럼 맑고 깨끗하다. 요제는 일처리에 매우 근검했으며, 충직하고 나태하지 않았다. 또한 어진 자에게 제위를 양위함으로써, 그 빛이 사방에 두루 비치고 천지에도 닿았다. 그는 덕을 드높이며 가족들을 화목하고 평화롭게 만들었고, 두루 협력하며 천하 백성들을 우호적이고 화목하게 했다.

另外尧帝还令臣下谨慎制定历法，将岁时节令告诉百姓。百姓都认为只要依照尧帝制定的方法去做，就能丰衣足食。尧帝顺应自然规律治理天下，让万物各顺其性各得其所，在百姓不知不觉间天下已经达到大治。

이밖에 요제는 신하들에게 신중을 기해 역법을 만들도록 명했다. (이로써) 세시와 계절을 백성들에게 알려주고자 했다. 백성들은 모두 요제가 만든 방법에 따라 일하면 풍요롭게 입고 먹을 수 있다고 칭송했다. 요제는 자연 규칙의 순리에 따라 천하를 다스렸으며, 만물이 본래의 습성대로 제각기 그 소임을 얻도록 하였다. 백성들이 자각할 겨를도 없이 천하는 이미 잘 다스려졌다.

尧帝活了115岁，年老时他不是将王位交给儿子，而是让给贤人。先打算让给隐士许由，许由说听了这样的话认为污染了他的耳朵，于是跑到江边去洗耳朵。江下游巢父正在饮牛，听说许由来了，便将牛牵走，说免得让许由洗了耳朵的水弄脏了他的牛嘴。许由、巢父都是自以为清高却没有大德仁心的隐士。后来，尧听说有个叫舜的人孝顺仁厚，就将自己的两个女儿娥皇、女英同时嫁给舜，借此来考察舜对家庭的治理能力。舜与娥皇、女英恩爱亲和，尧考察了他28年，最后才将天下传给大舜。

요제는 115세까지 살았다. 연로해졌을 때 그는 왕위를 자식에게 물려주지 않고 어진 자에게 물려줬다. 먼저 은사 허유에게 물려주고자 했다. 허유는 이 말을 듣고서 자신의 귀가 더럽혀졌다고 여기고 강가로 뛰어가 귀를 씻었다. 강 아래에서는 (또 다른) 은사가 소에게 물을 먹이고 있었는데, 허유가 왔다는 소리를 듣자 소를 끌고 곧장 떠나버렸다. 허유가 귀를 씻은 물로 자신의 소 주둥이를 더럽힐 수는 없다고 했다. 허유와 또 다른 은사는 모두 스스로 청렴하다고 여겼을지는 모르지만 덕과 인심은 없는 은사들이다. 훗날 요는 순이란 인물이 효성스럽고 인덕이 후하다는 말을 듣고 자신의 두 딸인 아황과 여영을 동시에 순에게 시집을 보내 가정 다스리는 능력을 살폈다. 순은 아황, 여영과 함께 서로 사랑하며 화목하게 지냈다. 요는 그를 28년간 관찰한 후에 최종적으로 천하를 순에게 물려줬다.

舜帝，姓姚，名重华。他一目重瞳，就是一只眼睛有两个瞳孔，两只眼睛就有四个瞳孔。传说圣人都是天生异相，尧是眉有八彩，舜是一目重瞳，孔子是头有肉丘，老子是耳无耳廓。舜的父亲及后母、同父异母弟弟都对舜不好，几次为难他加害他，但舜毫无怨言仍极为孝顺地侍奉双亲，他的孝心感动了苍天并且传到了尧的耳中，因此尧才打算将天下传给舜。当时，人们为歌颂舜因孝得天下，作了《韶》这支乐曲。孔子到齐国，听了《韶》乐，被深深打动，沉浸于乐曲的旋律，三个月连吃肉都觉得无味。

순제는 성이 요, 이름이 중화다. 그는 눈동자가 두 개였는데, 눈 하나에 눈동자 두 개씩, 두 눈에 모두 네 개의 눈동자를 지녔다. 전설에 따르면 성인들은 모두 천성적으로 괴이한 얼굴상이었다고 한다. 요는 눈썹이 여덟 가지 색을 띠었고, 순은 눈동자가 두 개였으며, 공자는 머리에 혹(사마귀) 같은 것이 있었고, 노자는 귀에 귓바퀴가 없었다. 순의 아버지와 계모, 그리고 이복동생은 모두 순에게 잘 대해주지 않았다. 여러 차례 그를 곤경에 빠트렸으며, 해를 가하기도 했다. 그러나 순은 전혀 원망하지 않고 여전히 효성스럽게 부모님을 모시고 봉양했다. 그의 효성은 하늘을 감동시켰고 결국 요의 귀에도 전해졌다. 이로써 요는 천하를 순에게 물려주고자 했다. 당시에 사람들은 노래를 지어 순이 효가 지극해 천하를 얻었다고 칭송하며《소》라는 악곡을 지었다. 공자가 제나라에 와서《소》를 듣고 매우 감동하였는데, 악곡의 선율에 심취한 나머지 3개월 동안 고기 맛조차도 느끼지 못했다고 한다.

舜谨慎地理顺五种伦理道德，就是父义、母慈、兄友、弟恭、子孝，用这种道理来教育百姓，百姓都十分顺从；舜管理百官，百官无不听命；迎接四方宾客，四方宾客都肃然起敬；守护山林时，在暴风雷雨等恶劣天气下也不迷误。舜登上帝位后祭祀天地山川四时，任命禹统领百官，稷掌管农业，契管理教育，皋陶负责刑狱，伯益统管山林。最后，舜将帝位禅让给治水有功的大禹。舜帝活了110岁，晚年南巡时死在苍梧的田野上，就是现在湖南九嶷山一带。九嶷山现在还存有舜帝陵。

순은 신중을 기해 다섯 가지 윤리도덕을 이치에 맞게 정돈하였다. 이는 아버지의 의로움, 어머니의 자애, 형의 우애, 동생의 공경, 자식의 효이다. 이 다섯 도리를 통해 백성을 교화하자 백성들은 모두 잘 따랐고, 순이 백관을 관리하자 명령을 거역하는 백관이 사라졌다. 사방의 빈객들을 영접하자 사방의 빈객들이 모두 숙연하게 그를 공경했다. 산림을 지키고 보호할 때는 폭풍우가 몰아치는 아주 나쁜 날씨 속에서도 미혹됨이 없었다. 순은 제위에 오른 후 천지, 산천, 사시에 제사를 지냈다. 우에게 백관을 통솔하도록 명하고, 직에게는 농업을 관장토록 했으며, 계에게는 교육을 관리하도록 했다. 고도에게는 형벌과 옥사를 책임지게 하고, 백익에게는 산림을 관리하도록 했다. 끝으로 순은 제위를 치수의 공로가 큰 대우에게 선양하였다. 순은 만년에 남쪽 지역을 순시하다 창오의 들판, 즉, 현재 호남성 구의산 일대에서 죽었다. 구의산에는 지금도 순제릉이 있다. 순은 110세를 살았다.

尧舜清明仁德，那一时期四海宁静，风调雨顺，国泰民安，是后世中国人所向往的盛世的象征。

요순은 청렴하고 인덕이 넘쳤다. 그 시기에는 온 세상이 차분하고 고요했으며, 날씨도 적절했다. 국가는 평온하고 백성은 편안했다. 훗날 중국인들이 바라는 태평성세의 상징이 되었다.

제21과 三王是指三代圣王。这三代圣王分别是夏朝开国国君大禹、商朝开国国君商汤、周朝开国国君周文王和周武王。所谓圣王，就是道德崇高的圣人，就是有伟大功业的君王。

삼왕은 삼대 성왕을 가리킨다. 이 삼대 성왕은 각각 하 왕조 개국 군주 대우, 상 왕조 개국 군주 상탕, 주 왕조 개국 군주 주문왕과 주무왕이다. 성왕이라 함은 도덕이 숭고한 성인으로 위대한 공적을 남긴 군왕을 일컫는다.

禹姓姒名文命，曾受封夏伯，所以又称夏禹，他的儿子启所建立的朝代就称做夏朝。禹是鲧的儿子，尧帝之时洪水泛滥，尧帝命鲧治水，鲧用堵截法治理，结果所堵之处尽被洪水冲垮，治水失败了。舜帝时，大禹继承父志继续治水，他采取与堵截完全不同的疏通法，在外十三年，三过家门而不入；登高山，临大川，哪里有水患就去疏通哪里，最终治服了水患。相传黄河的石门就是大禹用斧头劈开的。石门位于陕西与山西交界的地方，宽60米，是黄河最窄的地段。现在看到的石门两壁整整齐齐，确实像斧头劈开的。

우는 성이 사, 이름이 문명으로, 일찍이 하백으로 봉작되었으므로 하우라고도 불린다. 그의 아들 계가 건립한 왕조를 하 왕조라 한다. 우는 계의 아들이다. 요제 시절에 홍수가 범람하자, 요제는 계에게 치수를 명했다. 계가 (둑을) 세워 막는 방법으로 다스리자 결과적으로 막은 부분이 모두 홍수에 넘쳤다. 치수는 실패했다. 순제 시절, 대우는 아버지의 뜻을 계승해 계속해서 치수에 힘썼다. 그는 막는 법과는 전혀 다르게 트는 법을 택했다. 외지에서 13년을 보내면서 세 번 집을 거쳐 갔지만 집에 들어가지 않았다. 높은 산에 오르고 큰 강을 돌면서 물난리가 있는 곳마다 물길을 터주어 궁극에는 물난리를 모두 해결했다. 전하는 바에 의하면 황하 석문은 대우가 도끼로 내리쳐서 생겨난 것이라고 한다. 석문은 섬서성과 산서성 경계 지역에 위치하며, 넓이가 60미터로 황하에서 폭이 가장 좁은 구역이다. 지금 보이는 석문 양쪽이 모두 가지런하고 반듯한 것이 확실히 도끼로 자른 듯하다.

大禹疏泄江河，依据江河的走向将中国分为九州，并铸九鼎用来镇守九州。大禹治水功绩伟大，因此舜帝将天下禅让给他。天下的百姓也怀念禹的功绩，黄河流域和长江流域很多地方有纪念他的禹庙。大禹不仅治水有功，而且对百姓非常仁慈，见到罪人就伤心地说：这是尧舜留下的百姓呀，尧舜在时，他们都学习尧舜的仁心；今天我当国君，他们就犯了罪，这是我这个国君没做好呀。孔子对大禹也极力称赞：对于大禹，我简直没有什么可以挑剔的。他的饮食非常简单，却尽力去孝敬神灵；他的衣服很是简朴，在祭祀时却尽力穿得庄重；他住的房屋极为低矮，却尽全力去治理水患。

大禹活了105岁，因治水的功业伟大而常常与尧舜并称为尧舜禹。

대우는 강의 막힌 부분을 통하게 했다. (그리고) 강의 흐름에 따라 중국을 구주로 나누고, 구정을 주조해 구주를 지키게 했다. 대우의 치수에 대한 공적이 매우 위대해 순제는 천하를 그에게 양위하였다. 천하 백성 역시 우의 공적을 기리고 추억했다. 황하 유역과 양자강 유역에는 그를 기념하는 사당(우묘)이 많이 있다. 대우는 치수에 공이 컸을 뿐 아니라, 백성들에게도 매우 자애로웠다. 죄인을 만나면 가슴 아파하며 말하길, "요순께서 물려준 백성이 아닌가, 요순시절에는 그들 모두 요순의 너그러운 마음을 보고 배웠을 텐데, 오늘은 내가 군왕이라서 이들이 죄를 지은 것이다. 이는 군왕인 내가 군왕 역할을 잘 못한 결과이다"라고 했다. 공자 역시 대우를 지극히 칭송했다. 대우에 대해 말하길, "정말이지 흠잡을 데가 없도다. 그 자신은 매우 소박하게 식사를 했으나, 신령께는 오히려 정성을 다해 효경했고, 그 자신은 옷을 매우 평범하게 입었어도, 제사에 임할 때는 오히려 정성을 다해 장중하게 차려 입었고, 그 자신은 낮고 남루한 집에서 살았지만, 오히려 최선을 다해 치수에 힘썼다." 대우는 105세까지 살았고, 치수 공적의 위대함으로 자주 요순과 함께 '요순우'로 불린다.

汤，是舜帝的大臣契的十四孙。契封于商地，汤所建的朝代就称做商朝。汤又称商汤、成汤，成是说汤以武力推翻夏朝获得成功。汤心地仁厚，一次，猎人在野外四面张网，并祝祷所有禽兽都进入网中。汤见到后，撤去三面网，并把祝词改为：要向左的向左，要向右的向右，要向上的向上，要向下的向下，不要命的才进网中来。天下诸侯百姓听说了这件事，都说汤的恩德遍及禽兽，何况人呢？于是纷纷归顺。

탕은 순제의 신하 계의 14세손이다. 계는 상지에 분봉되었다. 탕이 건립한 왕조를 상 왕조라 한다. 탕은 달리 상탕, 성탕이라 불린다. 성은 탕이 무력으로 하 왕조를 무너트리고 성공해서 붙여진 말이다. 탕은 심성이 후덕했다. 한번은 사냥꾼이 들판 사방에 그물을 쳐놓고, 모든 짐승들이 그물 안으로 들어오라고 기도를 했다. 탕이 이를 보고 세 방향의 그물을 거두고 기도를, "왼쪽으로 향하고 싶으면 왼쪽으로 향하고, 오른쪽으로 향하고 싶으면 오른쪽으로 향하고, 위로 향하고 싶으면 위로 향하고, 아래로 향하고 싶으면 아래로 향하라. 살기 싫은 것들만 그물 안으로 들어오라"라고 바꿔 올렸다. 천하의 제후, 백성들이 이 일을 듣고 모두 "탕이 은덕을 금수에게도 베푼다, (그러니) 사람에게는 말할 것도 없겠다"고 하고 모두 탕에게 모여들었다.

汤是中国历史上第一个领导百姓起来夺取政权的人，夏桀残暴荒淫，于是汤灭夏建商。商朝建立后，大旱七年，太史说要用一个人为祭品来祈雨，汤说我是为民祈祷，就把我当作祭品吧。于是剪了自己的头发，身披白茅草，扮成祭品的样子去祈雨，并自责说： 如果天下人有罪过，那都是因我这国君没做好；我做国君的有罪过，决不能连累百姓。话没说完，天降大雨。汤手下有个著名的贤臣叫伊尹，最初给汤当厨师，后来汤发现他很有才能，便拜为右相。出身低微的伊尹辅佐商汤功劳卓著，孟子称赞他是以天下为己任的人。

탕은 중국 역사상 최초로 백성들을 이끌고 정권을 획득한 인물이다. 하 왕조 걸이 포악하고 음탕해서, 탕이 하나라를 멸망시키고 상 왕조를 건립하였다. 상 왕조가 건립된 후 7년간 큰 가뭄이 있었다. 태사가 말하길, "사람 한 명을 제물로 바쳐 기우제를 지내야 합니다.", 탕이 말하길, "내가 백성들을 위해 기도하겠다. 나를 제물로 바쳐라."라고 하고, 자신의 머리카락을 자르고 백발을 풀어 헤친 다음 제물로 분장하고 기우제를 올렸다. 그리고 스스로 책망하며 말하길, "만약 천하 사람들에게 죄가 있다면, 그건 모두 군왕인 제가 군왕 역할을 잘 못 해서 그런 것이옵니다. 군왕인 제가 지은 죄가 절대 백성들에게 미쳐서는 아니 됩니다." 라고 했다. 말이 끝나지도 않았는데 하늘에서 비가 내렸다. 탕의 휘하에는 유명하고 어진 신하 이윤이 있었는데, 처음에는 탕의 요리사였다. 나중에 탕이 그의 재능을 발견하고 우상으로 삼았다. 출신이 미약한 이윤이 상탕을 보좌한 공로는 탁월했다. 맹자는 그를 세상을 위해 자신의 소임을 다한 사람으로 칭송했다.

周文王，姓姬，名昌，舜帝的臣子稷的后代。周是文王的封地，所以他儿子武王所建立的朝代叫周朝。文王本是商朝时的诸侯，又称西伯。西伯从小受到祖母太姜、母亲太妊的良好教育，品德仁厚。太姜、太妊及西伯的妻子太姒都贞洁贤明、教子有方，深受人们尊敬，被称为三母。商纣王时，文王曾听说商纣王滥杀无辜而惊叹，因此被囚禁。被囚禁的这段时间，文王将《周易》八卦演绎成六十四卦，并创作了卦辞。

주문왕은 성이 희, 이름은 창이다. 순제의 신하 직의 후손이다. 주는 문왕의 분봉지이다. 그의 아들 무왕이 건립한 왕조를 주 왕조라 부른다. 문왕은 본래 상 왕조의 제후로 달리 서백으로 불렸다. 서백은 어렸을 때부터 조모인 태강, 어머니인 태임에게서 양질의 교육을 받아 품덕이 어질고 두터웠다. 태강, 태임, 그리고 서백의 아내 태사는 모두 정조있고 현명하였으며 자식 가르침에도 방도가 있었다. 사람들의 두터운 존경을 받아 '삼모'라 칭해졌다. 상 왕조 주왕 시절에 문왕이 상 주왕이 무고한 사람을 마구 죽인다는 말을 듣고 탄식했다고 해서 옥에 갇혔다. 옥에 갇혀있는 시간 동안 문왕은 주역의 팔괘를 육십사괘로 연역(확대)시키고 괘사를 지었다.

释放以后，文王多方实行仁政，使政治清明农业发展。一次修建灵台时，从地里掘出一副人骨，文王立刻命人安葬。手下人说无主枯骨，没有必要安葬。文王说：拥有天下的人就是天下的主人；拥有一诸侯国的人就是一国的主人。我是诸侯国王，我就是这副枯骨的主人。当时的百姓纷纷感叹，文王能使枯骨受到恩泽，更何况活着的人呢？ 天下人见此，纷纷归顺；各诸侯国仰慕他的品德，遇到纠纷之事都跑来找西伯公断。

석방된 후, 문왕은 다방면에 걸쳐 인정을 펼치고 정치를 청렴하게 하고 농업을 발전시켰다. 한번은 영대를 세우는데, 땅 속에서 인골이 나왔다. 문왕은 즉시 명해 안장토록 했다. 휘하 사람이 주인도 없는 해골인데 안장까지 할 필요는 없다고 하자, 문왕이 말하길, "천하를 쥐고 있는 사람은 천하의 주인이고, 제후국을 쥐고 있는 자는 한 나라의 주인이다. 나는 제후국의 국왕이므로 곧 이 해골의 주인이다." 당시 백성들이 연달아 감탄했다. 문왕이 해골에게 은혜를 베푸는데 살아있는 사람에게는 어떠하겠나? 사람들이 이를 보고 연이어 그를 따랐다. 각 제후국도 그의 품덕을 우러러보았고, 분쟁이 있는 일이 있을 때마다 서백을 찾아 공정한 판단을 구했다.

一次，虞国、芮国争夺土地，两位诸侯王到周国一看，只见人人互相礼让、满国和气，竟羞愧地回去，地也不再争了。最后商朝三分天下，文王占了两分，全是因为文王的品德行为崇高。文王活了97岁。他手下有个名臣姜太公，名叫吕望，据说他80岁时在渭水河畔钓鱼，遇到文王出猎，被文王请去帮助治理天下，尊称为太公。

한번은, 우나라와 예나라가 토지 쟁탈전을 벌였다. 이 두 제후국 왕이 주나라에 와서 보니 사람들은 서로 예로써 양보하고 나라 전체에는 화기가 가득했다. 결국 부끄러워하며 돌아갔고 싸움도 다시는 하지 않았다. 마지막에 상 왕조가 천하를 삼분할 때 문왕이 ⅔를 차지했다. 이 모든 것은 문왕의 품덕과 행실이 매우 높았기 때문이었다. 문왕은 97세까지 살았다. 그의 수하에는 강태공이란 유능한 신하가 있었다. 이름은 여상으로 그는 80세 때 위수 근처에서 낚시를 하다가 사냥하는 문왕을 만나, 문왕의 청을 받고 문왕을 도와 천하를 다스렸다. 존칭으로 '태공'이라 불린다.

武王是文王的儿子，姓姬名发。文王驾崩第二年，武王准备讨伐残暴的商纣王。当时纣王无道至极，激起各国诸侯合力讨伐。武王正式出兵，不到一个月就攻进商朝的都城朝歌，纣王自焚身亡，武王建立起周朝。接着，武王命令把兵器都封藏起来，表示从今以后不再打仗，并分封所有功臣及古帝先王的后代，共封诸侯71个。武王活到93岁。

무왕은 문왕의 아들이다. 성은 희, 이름은 발이다. 문왕이 승하한 이듬해 무왕은 포악한 상 주왕을 토벌하고자 하였다. 당시 극에 달한 주왕의 부도덕함이 각국의 제후들을 자극해, 제후들이 주무왕과 협력해 주왕을 토벌하려했다. 무왕이 정식으로 출병하자 한 달도 채 안 돼 상나라 도성 조가에 입성했다. 주왕은 스스로 분신해 죽었고, 무왕은 주 왕조를 건립했다. 곧이어 무왕은 병기를 모두 밀봉 보관할 것을 명함으로써 이후 전쟁을 다시 하지 않겠다는 의지를 내보였다. 모든 공신과 선대 제왕의 후손들에게 분봉해 주었다. 분봉을 받은 제후는 모두 71명이었으며, 무왕은 93세까지 살았다.

三皇、二帝、三王所建立的以德治天下的传统，作为中国古代的先进文化，全部被孔子继承。孔子系统地总结了圣王治国的道理，又传于后世，才形成了儒家学说。

삼황, 이제, 삼왕이 기틀을 다진, 즉, 덕으로써 천하를 다스리는 전통은 중국 고대의 선진문화로서 공자에 의해 모두 계승되었다. 공자는 성왕의 치국에 관한 도리를 체계적으로 정리해냈으며, 이를 다시 후대에 물려줌으로써 비로소 유가 학설이 형성되었다.

제22과 夏商周三代的圣王讲完后，再来讲夏商周三朝的历史。尧舜时代帝位传贤不传子，被称作以天下为公；从夏朝开始，帝位传给子孙，就被称为以天下为家了。大禹登帝位后，也效法尧舜，准备将天下让位给舜帝的贤臣皋陶，皋陶早早就死了；后来打算禅让给益，可是禹的儿子启非常贤明，再加上人们怀念大禹的功绩，大禹死后，天下诸侯百姓都拥戴启继位。启继位后，王位就由启的子孙一代一代传下去了。

하, 상, 주 삼대 성왕에 관한 이야기 다음으로 하, 상, 주 세 왕조의 역사에 관한 이야기를 하고 있다. 요순시대에는 제위를 자식에게 물려주지 않고 현자에게 물려줌으로써 천하를 공정하게 했다고 일컬어진다. 하나라부터는 제위를 자손에 물려주었으므로 천하를 가정으로 삼았다고 말한다. 대우는 제위에 오른 후 요순이 했던 것처럼 천하를 순임금의 어진 신하인 고도에게 양위하고자 했으나, 고도는 이미 죽고 없었다. 이 후에는 익에게 양위하고자 하였으나, 우의 아들인 계가 매우 현명하고 또 백성들 역시 대우의 공적을 흠모했으므로 대우가 죽은 후 천하 제후와 백성들은 모두 계를 옹립하여 제위를 계승하게 했다. 계가 제위를 계승한 이후 왕위는 계의 자손들에게 대대로 전해졌다.

夏朝从大禹开始共17帝，439年。夏启的儿子太康纵情饮酒打猎，不理朝政，被有穷氏的首领后羿赶走，禹的其他四个儿子也都贪图享乐，最终后羿把持朝政并自立为君，派他的儿子浇杀掉夏启的后代以除后患。不料遗漏一妇女身怀有孕，逃回娘家生下一子少康。少康在母亲的教养下立志复国，浇听说后派兵攻打少康，少康逃到了虞国。在虞国国君的帮助下，经过20多年的准备，少康最终击败浇，恢复了夏国。这就是夏朝历史上有名的“少康中兴”。

하 왕조는 대우부터 시작해 모두 17제왕, 439년간 이어졌다. 하나라 계의 아들 태강이 제멋대로 술을 마시고 사냥하며 정치를 돌보지 않자, 궁씨 성을 가진 수령 후예에게 쫓겨나고 말았다. 우의 다른 네 아들도 향락에만 빠져있자, 끝내 후예는 조정을 손에 넣고 스스로 제왕에 올랐다. 그리고 아들 요를 보내 하나라 계의 후손들을 모조리 죽여 후환을 없앴다. 그러나 생각지도 못하게 임신한 여자 한 명을 놓쳤는데, 그만 친정으로 도망쳐 소강이라는 아들을 낳았다. 소강은 어머니의 가르침과 보살핌 속에 나라를 되찾겠다는 포부를 키웠다. 요가 이 사실을 알고 병력을 파견해 소강을 공격하자 소강은 우나라로 도망쳤다. 우나라 군주의 도움으로 20년간의 준비를 통해 소강은 끝내 요를 공격해 멸망시키고 하 왕조를 다시 세웠다. 하 왕조 역사상 유명한 '소강의 중흥' 이야기다.

夏朝最后一个皇帝夏桀力气巨大，能徒手将铁钩拉直，但是荒淫无度，宠幸爱妃，言听计从，修建高大华丽的歌舞台，又造酒池肉林以供享乐。酒池就是挖一个很大的池子，里面装满酒，可以开船，夏桀经常带着妃子在酒池中荡舟。肉林就是成堆的肉食菜肴简直像山林一样。这个妃子还有个古怪癖好，爱听布帛撕开的声音，夏桀就将宫中的、民间的布帛都搜罗来命人一块一块地撕给她听，弄得天怒人怨。夏桀自比天上的太阳，说只有太阳掉下来，我才会灭亡。天下人恨透了夏桀，都说太阳什么时候才能消失呀，我们愿意和你一起灭亡。夏桀荒残无道，最终被商汤攻灭，商汤仁厚，未杀夏桀，只是把他流放到南巢这个地方。

하 왕조의 마지막 군주인 걸은 힘이 장사로 맨손으로 휘어진 쇠자루도 곧게 펼 수 있었다. 그러나 황음무도하고 애첩을 총애한 나머지 무슨 말이든 들은 그대로 실행에 옮겼다. 높고 화려한 가무 무대를 세우고 주지육림을 만들어 향락을 일삼았다. '주지'는 커다란 연못을 하나 파고 그 안에 술을 가득 채운 곳으로, 배를 띄울 수 있을 정도였다. 걸은 자주 후궁을 데리고 주지에서 뱃놀이를 했다. 육림은 층층이 쌓아놓은 고기음식과 안주들이 마치 산더미와도 같다는 말이다. 이 후궁은 괴상한 취미가 하나 있었는데 옷감 찢는 소리를 좋아했다. 걸이 궁중은 물론 민간의 옷감 모두를 긁어모아 한 조각 한 조각 찢게 해 그 소리를 들려주었다. 이에 하늘이 노하고 사람들은 원망했다. 걸은 스스로 하늘의 태양과 비교하며 태양이 떨어져야 비로소 자신도 멸망할 것이라고 했다. 천하 사람들은 모두 걸을 증오하며 말했다. "태양이 언제 없어진단 말인가! 태양아, 우리 함께 없어지자." 하나라는 걸의 잔학무도함으로 인해 결국 상나라 탕에게 공격을 받고 멸망했다. 상나라 탕은 인자하고 후덕했다. 걸을 죽이지 않고 남소라는 곳으로 유배시켰다.

迁夏社，是指商取代夏。每个朝代都供有自己的土神，土神变了，说明朝代也就更换了。夏这个字是一个人戴着面具跳舞的样子。歌舞是礼乐的象征，大禹的封地被取名夏，就是因大禹重视并倡导礼乐。夏朝建立以后，周围少数民族都称夏朝人为夏人，后来人往往华夏连用，称华夏人、华夏族。华是衣冠之美，夏是礼乐之美；衣冠、礼乐合起来就是文明。华夏这个称谓就印证了中国具有五千年的悠久文明。

하의 사직을 옮긴다는 것은 상이 하를 취해 대신했다는 의미이다. 각 왕조는 저마다의 토신을 섬겼는데, 토신이 변했다는 것은 왕조 역시 변한다는 것을 말한다. 글자 '하'는 사람이 가면을 쓰고 춤을 추는 모양이다. 가무는 예악의 상징으로, 대우의 봉지가 하라는 이름을 얻은 것은 대우가 예악을 중시하고 또 앞장서 제창했기 때문이다. 하 왕조가 건립된 후 주위의 소수민족들은 모두 하 왕조 사람들을 하인으로 불렀다. 후대에 종종 화와 하를 같이 쓰자 화하인, 화하족이란 명칭이 생겼다. 화는 의관의 아름다움, 하는 예약의 아름다움이다. 의관과 예약이 합쳐지면 곧 문명이다. 화하란 이 명칭은 중국이 오천년의 유구한 문명을 가졌음을 증명해준다.

제23과

商汤攻灭夏朝，建立商朝，定都亳，就是今天的河南商丘。从商汤开始，共传袭30个帝王，644年。商汤去世后，朝政由伊尹辅佐，汤的孙子太甲继位时不遵循汤的遗志和律法，被伊尹放逐到桐这个地方，桐是商汤埋葬之处。经过三年，太甲悔过，伊尹迎接他回朝主政。商朝到第十九个帝王盘庚时，由于黄河屡次决堤，都城也经常迁移，盘庚将都城迁到殷城，也就是今天的河南安阳，并改国号为殷，所以商朝又称殷商。盘庚迁都之后，推行汤朝的国政，商朝又进入中兴时期。商朝因信鬼神，朝政经常把持在巫师手中，大臣武乙为破除迷信，用皮囊盛血，挂在城门高高的竹竿上，用箭射之，鲜血四溅，说是天鬼被射死，号召人们不要再畏惧鬼神了。这就是商朝有名的"武乙射天"。

상나라 탕이 하 왕조를 무너뜨리고 상 왕조를 세웠다. 도읍을 호로 정했는데, 오늘날 하남성 상구 지역이다. 탕부터 모두 30명의 제왕, 644년간 세습되었다. 탕이 서거한 후 조정은 이윤이 보좌했다. 탕의 손자 태갑이 제위를 계승할 때 탕의 유지와 율법을 따르지 않자, 이윤에 의해 '동'이란 곳에 쫓겨났다. '동'은 상나라 탕이 묻힌 곳이다. 3년이 지나 태갑이 잘못을 뉘우치자 이윤은 그를 다시 조정으로 모셔 정사를 직접 보게 했다. 상 왕조가 제19대 제왕 반경 때에 이르자 잦은 황하 제방 붕괴로 도성이 자주 옮겨졌다. 반경은 도성을 은성, 오늘날 하남성 안양으로 옮기고 국호를 은으로 고쳤다. 이로써 상 왕조는 은상이라고도 불린다. 반경이 천도한 후 탕 왕조의 국정을 실시하자, 상 왕조가 재차 중흥기를 맞았다. 상 왕조는 귀신을 믿었으므로 조정이 늘 무녀의 손아귀에 있었다. 신하 무을이 미신을 타파하기 위해, 가죽 부대에 피를 가득 담고 도성 문 높이 대막대기에 걸고 화살로 쏘았다. 선혈이 사방에 흩뿌려지자 하늘의 귀신이 화살에 맞아 죽었다고 하며, 사람들에게 다시는 귀신을 두려워하지 말라고 알렸다. 상 왕조의 유명한 '무을사천'이야기이다.

商朝最后一个帝王叫受辛，就是商纣王。商纣王这个人有才华、有力量、有智慧，能言善辩，做错了的事都可以说成好事，而且可以徒手和猛兽搏斗，认为天下人都不如自己。但是，他非常残暴，纵情声色，荒淫无度。设残酷的炮烙之刑来取乐。炮烙就是把油膏涂在铜柱上，下面烧火，令犯人在铜柱上走。铜柱涂油则滑，火烧则烫，犯人在上面走不稳，跌倒下来就被火烧伤。犯人痛苦不堪，纣王与妃子妲己却大笑不止。

상 왕조 마지막 제왕은 이름이 수신으로, 상나라 주왕이다. 이 주왕은 재주가 넘치고 힘과 지혜가 있었으며, 말도 곧잘 해 잘못한 일도 곧장 잘 된 일이라고 둘러말했다. 게다가 맨손으로 맹수와 싸울 정도로 힘이 강해 스스로 천하 사람들이 자기만 못하다고 여겼다. 그러나 주왕은 매우 난폭했다. 제멋대로 가무와 여색을 즐겼고 황음무도했다. 잔혹한 형벌인 포락지형을 만들어 즐거움을 누렸다. 포락이란 기름덩어리를 동으로 만든 기둥 위에 바르고 아래에서 불을 지펴 놓은 다음, 죄인으로 하여금 동 기둥 위로 걸어가게 하는 형벌이다. 동 기둥에 기름을 발랐으니 미끄럽고, 또 불이 타오르니 뜨거워 죄인이 위에서 발을 헛디디면 밑으로 떨어져 불에 태워졌다. 죄인이 심하게 고통스러워하는 모습에 주왕과 후궁 달기는 오히려 웃음을 그치지 않았다.

一次，见一孕妇从城下走过，纣王与妲己猜孕妇肚中胎儿是男是女，竟当场将孕妇抓来剖腹验看。寒冬里，纣王与妲己穿着厚皮衣服还觉得冷，看到农夫光着脚涉水，认为农夫的骨髓特别充足，就将农夫抓来断骨验看。纣王如此残暴，他的叔父、忠臣比干曾三番五次地劝他改正。纣王说比干你自称是圣贤，听说圣贤的心有七个孔穴，我倒要看看你的心有几个，于是真的将比干剖胸取心。纣王恶事做尽，天人共怒。最后，周武王起兵讨伐，商纣王派去打仗的士兵都厌恶纣王，不与武王为敌，掉过头来向纣王进攻。武王攻入朝歌，纣王自焚而死，商朝灭亡。

한번은 임신한 여자가 성문 아래로 지나가고 있었다. 주왕과 달기는 뱃속의 태아가 아들인지 딸인지를 맞춰보고, 그 자리에서 임신부를 잡아 배를 갈라 직접 눈으로 보았다. 어느 추운 겨울날 주왕과 달기는 가죽 옷을 입고도 계속 춥게 느껴지는데, 농부 한 명이 맨발로 강을 건너는 모습을 보자, 농부의 골수가 꽤 가득 차있을 거라 생각하고, 농부를 잡아 와 뼈를 부러뜨려 직접 눈으로 보았다. 주왕이 이렇듯 잔인하고 난폭하자, 주왕의 숙부이자 충신인 비간이 수차례 그렇게 하지 말 것을 권고했다. 주왕이 말하길, "비간, 네 스스로 성현이라 하는데, 듣자하니 성현의 심장에는 혈이 일곱 개가 있다더라. 내 지금 너의 심장이 몇 개인지 봐야겠다."하고 정말 비간의 가슴을 열고 심장을 꺼냈다. 주왕이 끝없이 악행을 저지르자 하늘도 사람도 모두 분노했다. 결국 주 무왕이 군대를 일으켜 토벌하려 했고, 주왕이 싸우도록 파견한 사병들조차도 주왕을 증오한 나머지 무왕과 적대하지 않고 방향을 바꿔 거꾸로 주왕을 향해 진공했다. 무왕이 조가에 공격해 들어가자 주왕은 스스로 분신해 죽었다. 이로써 상 왕조는 멸망했다.

另外，商朝的青铜器工艺高超，而且出现了刻在龟甲兽骨上用以占卜的甲骨文。甲骨文已是一种比较成熟的文字，象形、指事、形声、会意、假借都已经具有雏形。商朝还出现了天干地支记年法，并沿用好几千年。

이밖에, 상 왕조의 청동기 공예 수준은 매우 높았다. 높았다는 점과 거북이 껍질이나 짐승의 뼈에 점복을 세긴 갑골문도 이 시대에 등장했다. 갑골문은 이미 비교적 체계적인 문자로, 상형, 지사, 형성, 회의, 가차 모두 이 시기에 이미 원형을 갖췄다. 상 왕조에는 이밖에 천간지지의 기년법도 등장해 수천 년간 계속해서 사용되고 있다.

제24과

周武王灭了商朝，建立周朝，定都镐京，也就是今天的西安。共传袭了37个帝王，867年。周朝可以说是中国历史上延续时间最长久的朝代。不过周朝分为西周与东周，西周是周朝的强盛时期；到东周，周天子已经基本丧失了统治，权力都掌握在各诸侯国手中。西周传到周幽王为止，共12王318年；东周从平王开始到秦统一以前，共25王549年。历史上又将东周称为春秋战国时代。武王建立周朝后第二年就生重病，武王的弟弟周公姬旦在先庙中祈祷，愿以己身代武王受死，史官将周公的祷词收藏起来。

주 무왕이 상 왕조를 무너뜨리고 주 왕조를 세우며 수도를 호경으로 정했다. 지금의 서안이다. 모두 37명 제왕이 867년간 왕위를 물려주고 물려받았다. 주 왕조는 중국 역사상 지속 기간이 가장 긴 왕조라고 할 수 있다. 그러나 주 왕조는 다시 서주와 동주로 갈라진다. 서주는 주 왕조가 가장 강성했던 시기이다. 동주에 이르러서는 주나라 천자의 통치권이 이미 실추되었고, 권력 역시 각 제후국의 손아귀에 넘어갔다. 서주시기는 주 유왕까지 모두 12왕, 318년간이다. 동주는 평왕부터 시작해서 진나라 통일 이전까지 모두 25왕, 549년간이다. 역사적으로 동주는 춘추전국시대라고도 불린다. 무왕이 주 왕조를 건립한 후 이듬해 병으로 죽자, 무왕의 동생인 주공 희단이 조상을 모신 사당에서 기도를 올리길, "제가 무왕을 대신해 죽겠습니다."라고 했다. 사관이 주공의 기도문을 보관하였다.

武王驾崩后，年仅8岁的成王姬诵继位，周公统摄朝政，辅佐成王。武王灭商后，封商纣王的儿子武庚继续留在殷，派兄弟管叔、蔡叔、霍叔驻守殷地监视武庚，称为三监。周公摄政，三叔不满，散布流言说周公将不利于成王，成王被迷惑，三叔又和武庚联合东夷各国叛乱。周公亲自指挥平定了叛乱。此时正当百谷成熟尚未收获，忽然电闪雷鸣，飓风咆哮，庄稼伏倒，大树拔起，国人恐慌。成王戴礼帽，打开装有周公祷词的柜子，见周公愿代武王死的祷词，大为感动，知道是自己错怪周公，上天降怒，于是亲自出郊外迎接凯旋的周公。这时雨住风停，庄稼又全都立了起来。

무왕이 붕어하자 나이가 겨우 여덟인 성왕 희송이 왕위를 계승했다. 주공이 조정을 총괄하며 성왕을 보좌하였다. 무왕은 상나라를 멸하고 상나라 주왕의 아들인 무경이 계속해서 은 지역에 남도록 봉했다. 그리고 형제 관숙, 채숙, 곽숙을 보내 은 지역에 주둔하며 무경을 감시토록 했다. 삼감이라 불린다. 주공이 섭정을 하자 삼숙이 불만을 품고 유언비어를 퍼트려, 주공은 장차 성왕에게 이롭지 못할 것이라고 했다. 성왕이 현혹되자, 삼숙은 다시 무경과 함께 동이 각국과 연합해 난을 일으켰다. 주공이 친히 난을 지휘하고 평정하였다. 이 때 백곡은 무르익었으나 아직 수확은 하지 않았는데, 홀연 천둥 번개가 치고 강한 폭풍이 불더니, 곡식들이 전부 쓰러지고 나무들은 다 뽑혔다. 나라 사람들이 몹시 당황해했다. 성왕이 예모를 쓰고 주공이 기도한 기도문 보관 상자를 열었다. 주공이 무왕을 대신에 죽길 바란다는 기도문을 보고 무척이나 감동하였다. 자신이 주공을 오해하여 원망하였음을 알게 되었다. 하늘도 노여움을 내려놓았다. 그리하여 친히 교외로 나가 개선하는 주공을 맞이하였다. 비가 그치고 바람이 멈추자 곡식들도 다시 일으켜졌다.

武王得天下后分封了71个诸侯，这些诸侯都是周朝的子弟和功臣。分封诸侯实际就是将中原的政治、经济、文化推广到全国各地。周公是继文王、武王后的又一位圣人。他最主要的功绩就是建立了一套完整有序的制度，使周朝礼乐完备国兴民安。

무왕은 천하를 얻고 71명의 제후에게 봉지를 나눠주었다. 이들 제후들은 모두 주 왕조의 자제와 공신들이었다. 제후들에게 봉지를 나누는 것은 사실 중원의 정치, 경제, 문화를 전국 각지로 확대하고자 함이다. 주공은 문왕과 무왕을 잇는 또 한 명의 성인이다. 그의 가장 주요한 공적은 온전하고 질서 정연한 제도를 건립했다는 점으로, 주 왕조 예악을 완비시켜 국가를 번영시키고 백성들을 편하게 한 데 있다.

因此孔子称赞说：周朝借鉴夏商两个朝代的制度而建立了礼乐，是多么繁盛美好啊，我愿意遵守周朝的礼制。周公制礼的一个主要精神就是强调德治，在天命思想之外加上敬德保民的主张。周公讲周朝取代商朝是接受天命，而行使天命的依据是统治者要有仁德。周公的这套思想是后世儒家主张德治的根据，周公也是孔子一生最崇拜的人。成王、康王继承周公之志，建立了成康盛世。后来，昭王、穆王频频征讨蛮戎，劳而无功，耗费不少，至此西周开始衰落。

이런 이유로 공자는 칭송하며 말했다. "주 왕조는 하, 상 두 왕조의 제도를 거울삼아 예악을 건립했다. 얼마나 성대하고 아름다운가, 나는 주 왕조의 예악제도를 그대로 따르고자 한다." 주공이 예악을 제도화한 주요 정신은 바로 덕치를 강조한 것이다. 천명사상 외에도 덕을 공경하며 백성을 보살피자는 주장도 피력했다. 주공은 주 왕조가 상 왕조를 대신한 것은 천명을 받아들인 것이며, 천명을 행사하는 근거로 통치자의 인덕을 내세웠다. 주공의 사상은 후세 유가가 덕치를 주장하는 근거가 되었다. 주공은 공자가 일

생동안 가장 존경한 인물이기도 하다. 성왕, 강왕은 주공의 뜻을 계승해 '성강성세'를 이루었다. 후에, 소왕, 목왕이 거듭 이민족들을 정벌했으나 들인 노력만큼 공을 못 세웠고, 국력 소모가 많아 서주는 이때부터 쇠락하기 시작했다.

共和元年 (前841), 是中国历史有确切纪年的开始。周公、昭公立厉王的儿子为宣王, 励精图治, 出现中兴气象。而宣王后的幽王昏庸无道, 于是出现了大地震和河流壅塞。当时的大地震使很多河流都沸腾, 高山大岳都崩碎, 高岸下降为深谷, 深谷上升为山陵。那时有个叫伯阳父的人就说：夏朝要亡的时候洛河枯竭, 商朝要亡的时候黄河决堤, 现在大地震动, 恐怕周朝也要衰亡了吧。

공화 원년(기원전 841년)은 중국 역사에 있어서 정확한 연대 기록이 시작된 때다. 주공, 소공은 여왕의 아들을 선왕으로 추대했다. 정사를 제대로 돌보자 중흥의 기운이 일어났다. 그러나 선왕 이후 유왕은 우매하고 무도했다. 대지진이 일어나고 물줄기도 막혔다. 당시 대지진으로 많은 강물들은 끓어올랐고 높은 산들은 모두 무너져 내렸다. 높은 언덕은 아래로 꺼져 깊은 골짜기가 됐고 깊은 골짜기는 위로 솟구쳤다. 당시 백양부라는 사람이 말하길, 하 왕조가 멸망할 때는 낙하가 말랐고, 상 왕조가 멸망할 때는 황하가 넘쳤다. 지금 대지가 진동하는 것을 보니 주 왕조 또한 망하려나보다.

那时幽王宠幸妃子褒姒, 褒姒终日不笑, 有人给幽王出主意将烽火台点燃。点燃烽火台是传达周天子有危险的信号, 天下诸侯就会派兵赶来保卫周天子。幽王点燃烽火台, 天下诸侯果然纷纷带兵赶到, 发现幽王安然无事, 诸侯才知道上了当, 正愤愤欲返时, 褒姒开口笑了。后来幽王真的受到攻击危机降临时, 再一次点燃烽火台, 诸侯都不再来了, 幽王被杀, 西周灭亡。西周果然亡在幽王手里。

당시 유왕은 후궁 포사를 지극히 아꼈다. 포사가 종일토록 웃지 않자, 누군가 유왕에게 봉화대에 불을 지펴보자는 생각을 냈다. 봉화대에 불을 피우는 것은 주 천자에 위험이 있다는 것을 알리는 신호로, 천하 제후들은 즉시 병사를 파견해 천자를 보위해야 했다. 유왕이 봉화대에 불을 피우자, 천하 제후들이 과연 속속 병사를 이끌고 도착했다. 유왕이 아무 일 없이 평안하자 비로서 제후들은 유왕의 농락에 속았다는 것을 알았다. 분개

하며 돌아가려할 때 포사가 웃었다. 훗날 유왕이 정말로 공격받아 위기에 처해 재차 봉화대에 불을 피웠지만 제후들은 누구도 오지 않았다. 유왕은 피살되었고, 서주는 멸망했다. 과연 서주는 유왕의 손에 멸망하였다.

엮은이

박형춘

순천향대학교 중어중문학과 교수

순천향대학교 공자아카데미 원장

三字经으로 배우는 **중국어 2**

초판 인쇄 2015년 8월 25일
초판 발행 2015년 8월 31일

엮 은 이 | 박형춘
펴 낸 이 | 하운근
펴 낸 곳 | 學古房

주 소 | 경기도 고양시 덕양구 통일로 140 삼송테크노밸리 A동 B224
전 화 | (02)353-9908 편집부(02)356-9903
팩 스 | (02)6959-8234
홈페이지 | http://hakgobang.co.kr/
전자우편 | hakgobang@naver.com, hakgobang@chol.com
등록번호 | 제311-1994-000001호

ISBN 978-89-6071-550-9 03720

값 : 19,000원

이 도서의 국립중앙도서관 출판시도서목록(CIP)은 서지정보유통지원시스템 홈페이지(http://seoji.nl.go.kr)와 국가자료공동목록시스템(http://www.nl.go.kr/kolisnet)에서 이용하실 수 있습니다.(CIP제어번호: CIP2015023939)